1745

LETTRES

ÉCRITES DE LA

MONTAGNE.

PAR J. J. ROUSSEAU.

SECONDE PARTIE.

A AMSTERDAM,

Chez MARC MICHEL REY.

MDCCLXIV.

LETTRES

ÉCRITES DE LA

MONTAGNE.

<hr>

SECONDE PARTIE.

<hr>

SEPTIEME LETTRE.

Vous m'aurez trouvé diffus, Monsieur; mais il falloit l'être, & les sujets que j'avois à traiter ne se discutent pas par des épigrammes. D'ailleurs ces sujets m'éloignoient moins qu'il ne semble de celui qui vous intéresse. En parlant de moi je pensois à vous; & votre question tenoit si bien à la mienne, que l'une est déja résolue avec l'autre, il ne me reste que la conséquence à tirer. Par tout où l'innocence n'est pas en sûreté, rien n'y peut être: par

tout où les Loix font violées impunément,
il n'y a plus de liberté.

Cependant comme on peut féparer l'intérêt
d'un particulier de celui du public, vos idées
fur ce point font encore incertaines ; vous
perfiftez à vouloir que je vous aide à les fixer.
Vous demandez quel eft l'état préfent de votre République, & ce que doivent faire fes
Citoyens ? Il eft plus aifé de répondre à la première queftion qu'à l'autre.

Cette première queftion vous embarraffe fû-
rement moins par elle-même que par les folu-
tions contradictoires qu'on lui donne autour de
vous. Des Gens de très bon fens vous difent ;
nous fommes le plus libre de tous les peuples,
& d'autres Gens de très bon fens vous difent ;
nous vivons fous le plus dur efclavage. Lefquels ont raifon, me demandez-vous ? Tous,
Monfieur ; mais à différens égards : une dif-

tinction très simple les concilie. Rien n'est plus libre que votre état légitime ; rien n'est plus servile que votre état actuel.

Vos loix ne tiennent leur autorité que de vous ; vous ne reconnoiffez que celles que vous faites ; vous ne payez que les droits que vous impofez ; vous élifez les Chefs qui vous gouvernent ; ils n'ont droit de vous juger que par des formes prefcrites. En Confeil général vous êtes Légiflateurs, Souverains, indépendans de toute puiffance humaine ; vous ratifiez les traités, vous décidez de la paix & de la guerre ; vos Magiftrats eux - mêmes vous traitent de *Magnifiques, très honorés & fouverains Seigneurs.* Voilà votre liberté : voici votre servitude.

Le corps chargé de l'exécution de vos Loix en eft l'interpréte & l'arbitre fuprême ; il les fait parler comme il lui plait ; il peut les faire

taire; il peut même les violer fans que vous
puiffiez y mettre ordre ; il eft au deffus des
Loix.

Les Chefs que vous élifez ont, indépendamment de votre choix, d'autres pouvoirs qu'ils
ne tiennent pas de vous, & qu'ils étendent aux
dépends de ceux qu'ils en tiennent. Limités
dans vos élections à un petit nombre d'hommes, tous dans les mêmes principes & tous
animés du même intérêt, vous faites avec un
grand appareil un choix de peu d'importance.
Ce qui importeroit dans cette affaire feroit de
pouvoir rejetter tous ceux entre lefquels on
vous force de choifir. Dans une élection libre
en apparence vous êtes fi gênés de toutes parts
que vous ne pouvez pas même élire un premier Syndic ni un Syndic de la Garde : le
Chef de la République & le Commandant de
la Place ne font pas à votre choix.

Si l'on n'a pas le droit de mettre fur vous de nouveaux impôts, vous n'avez pas celui de rejetter les vieux. Les finances de l'Etat font fur un tel pied que fans votre concours elles peuvent fuffire à tout. On n'a donc jamais befoin de vous ménager dans cette vue , & vos droits à cet égard fe réduifent à être exempts en partie & à n'être jamais néceffaires.

Les procédures qu'on doit fuivre en vous jugeant font prefcrites; mais quand le Confeil veut ne les pas fuivre perfonne ne peut l'y contraindre, ni l'obliger à réparer les irrégularités qu'il commet. Là-deffus je fuis qualifié pour faire preuve, & vous favez fi je fuis le feul.

En Confeil général votre Souveraine puiffance eft enchaînée : vous ne pouvez agir que quand il plait à vos Magiftrats, ni parler que quand ils vous interrogent. S'ils veulent même ne point affembler de Confeil gé-

néral, votre autorité votre exiſtence eſt anéan-
tie, ſans que vous puiſſiez leur oppoſer que
de vains murmures qu'ils ſont en poſſeſſion
de mépriſer.

Enfin ſi vous êtes Souverains Seigneurs dans
l'aſſemblée, en ſortant de-là vous n'êtes plus
rien. Quatre heures par an Souverains ſubordonnés, vous êtes ſujets le reſte de la vie
& livrés ſans réſerve à la diſcrétion d'autrui.

Il vous eſt arrivé, Meſſieurs, ce qu'il arrive à tous les Gouvernemens ſemblables au
vôtre. D'abord la puiſſance Légiſlative & la
puiſſance exécutive qui conſtituent la ſouveraineté n'en ſont pas diſtinctes. Le Peuple Souverain veut par lui-même, & par lui-même il
fait ce qu'il veut. Bientôt l'incommodité de ce
concours de tous à toute choſe force le Peuple
Souverain de charger quelques-uns de ſes
membres d'exécuter ſes volontés. Ces Offi-

ciers, après avoir rempli leur commiſſion en rendent compte, & rentrent dans la commune égalité. Peu-à-peu ces commiſſions deviennent fréquentes, enfin permanentes. Inſenſiblement il ſe forme un corps qui agit toujours. Un corps qui agit toujours ne peut pas rendre compte de chaque acte : il ne rend plus compte que des principaux ; bientôt il vient à bout de n'en rendre d'aucun. Plus la puiſſance qui agit eſt active, plus elle énerve la puiſſance qui veut. La volonté d'hier eſt cenſée être auſſi celle d'aujourd'hui ; au lieu que l'acte d'hier ne diſpenſe pas d'agir aujourd'hui. Enfin l'inaction de la puiſſance qui veut la ſoumet à la puiſſance qui exécute ; celle-ci rend peu-à-peu ſes actions indépendantes, bientôt ſes volontés : au lieu d'agir pour la puiſſance qui veut, elle agit ſur elle. Il ne reſte alors dans l'Etat qu'une puiſſance

agiſſante, c'eſt l'exécutive. La puiſſance exécutive n'eſt que la force, & où regne la ſeule force l'Etat eſt diſſout. Voila, Monſieur,
comment périſſent à la fin tous les Etats dé-
mocratiques.

Parcourez les annales du vôtre, depuis le
tems où vos Syndics, ſimples procureurs établis par la Communauté pour vaquer à telle ou
telle affaire, lui rendoient compte de leur Commiſſion le chapeau bas, & rentroient à l'inſtant
dans l'ordre des particuliers, juſqu'à celui où
ces mêmes Syndics, dédaignant les droits de
Chefs & de Juges qu'ils tiennent de leur élection, leur préferent le pouvoir arbitraire d'un
corps dont la Communauté n'élit point les
membres, & qui s'établit au deſſus d'elle contre les Loix: ſuivez les progrès qui ſéparent ces
deux termes, vous connoitrez à quel point
vous en êtes & par quels dégrés vous y êtes
parvenus.

Il y a deux siécles qu'un Politique auroit pu prévoir ce qui vous arrive. Il auroit dit; l'Institution que vous formez est bonne pour le présent, & mauvaise pour l'avenir; elle est bonne pour établir la liberté publique, mauvaise pour la conserver, & ce qui fait maintenant votre sûreté sera dans peu la matiere de vos chaines. Ces trois corps qui rentrent tellement l'un dans l'autre, que du moindre dépend l'activité du plus grand, sont en équilibre tant que l'action du plus grand est nécessaire & que la Législation ne peut se passer du Législateur. Mais quand une fois l'établissement sera fait, le corps qui l'a formé manquant de pouvoir pour le maintenir, il faudra qu'il tombe en ruine, & ce seront vos Loix mêmes qui causeront votre destruction. Voila précisément ce qui vous est arrivé. C'est, sauf la disproportion, la chute du Gouvernement Po-

lonois par l'extrémité contraire. La conſtitution de la République de Pologne n'eſt bonne
que pour un Gouvernement où il n'y a plus
rien à faire. La vôtre, au contraire, n'eſt
bonne qu'autant que le Corps légiſlatif agit
toujours.

Vos Magiſtrats ont travaillé de tous les
tems & ſans relâche à faire paſſer le pouvoir
ſuprême du Conſeil général au petit Conſeil
par la gradation du Deux-Cent; mais leurs efforts ont eu des effets différens, ſelon la maniere dont ils s'y ſont pris. Preſque toutes
leurs entrepriſes d'éclat ont échoué, parce
qu'alors ils ont trouvé de la réſiſtance, & que
dans un Etat tel que le vôtre, la réſiſtance
publique eſt toujours ſûre, quand elle eſt
fondée ſur les Loix.

La raiſon de ceci eſt évidente. Dans tout
Etat la Loi parle où parle le Souverain. Or

dans une Démocratie où le Peuple est Souverain, quand les divisions intestines suspendent toutes les formes & font taire toutes les autorités, la sienne seule demeure, & où se porte alors le plus grand nombre, là réside la Loi & l'autorité.

Que si les Citoyens & Bourgeois réunis ne font pas le Souverain, les Conseils sans les Citoyens & Bourgeois le font beaucoup moins encore, puisqu'ils n'en font que la moindre partie en quantité. Sitôt qu'il s'agit de l'autorité suprême, tout rentre à Genève dans l'égalité, selon les termes de l'Edit. *Que tous soient contens en dégré de Citoyens & Bourgeois, sans vouloir se préférer & s'attribuer quelque autorité & Seigneurie par dessus les autres.* Hors du Conseil général, il n'y a point d'autre Souverain que la Loi, mais quand la Loi même est attaquée par ses Ministres, c'est au Législateur

à la foutenir. Voila ce qui fait que partout
où regne une véritable liberté, dans les entreprifes marquées le Peuple a prefque toujours
l'avantage.

Mais ce n'eft pas par des entreprifes marquées que vos Magiftrats ont amené les chofes
au point où elles font ; c'eft par des efforts
modérés & continus, par des changemens
prefque infenfibles dont vous ne pouviez prévoir la conféquence, & qu'à peine même pou-
viez-vous remarquer. Il n'eft pas poffible au
Peuple de fe tenir fans ceffe en garde contre
tout ce qui fe fait, & cette vigilance lui tour-
neroit même à reproche. On l'accuferoit d'ê-
tre inquiet & remuant, toujours prêt à s'allar-
mer fur des riens. Mais de ces riens-là fur lefquels on fe tait, le Confeil fait avec le tems
faire quelque chofe. Ce qui fe paffe actuellement fous vos yeux en eft la preuve.

Toute l'autorité de la République réside dans les Syndics qui font élus dans le Conseil général. Ils y prêtent ferment parce qu'il eſt leur feul Supérieur, & ils ne le prêtent que dans ce Conſeil, parce que c'eſt à lui feul qu'ils doivent compte de leur conduite, de leur fidélité à remplir le ferment qu'ils y ont fait. Ils jurent de rendre bonne & droite juſtice ; ils font les feuls Magiſtrats qui jurent cela dans cette aſſemblée, parce qu'ils font les feuls à qui ce droit foit conféré par le Souverain (a), & qui l'exercent fous fa feule au-

____

(a) Il n'eſt conféré à leur Lieutenant qu'en fousordre, & c'eſt pour cela qu'il ne prête point ferment en Conſeil général. *Mais*, dit l'Auteur des Lettres, *le ferment que prêtent les membres du Conſeil eſt-il moins obligatoire, & l'exécution des engagemens contraċtés avec la divinité même dépend-elle du lieu dans lequel on les contraċte ?* Non, fans doute, mais s'enfuit-il qu'il foit indifférent dans quels lieux & dans quelles mains le ferment foit prêté, & ce choix ne marque-t-il pas ou par qui l'autorité eſt conférée, ou à qui l'on doit compte de l'ufage qu'on

torité. Dans le jugement public des criminels ils jurent encore seuls devant le Peuple, en se levant (*b*) & haussant leurs bâtons, d'*avoir fait droit jugement, sans haine ni faveur, priant Dieu de les punir s'ils ont fait au contraire* ; & jadis les sentences criminelles se rendoient en leur nom seul, sans qu'il fut fait mention d'autre Conseil que de celui des Citoyens, comme on le voit par la sentence de Morelli ci-devant transcrite, & par celle de Valentin Gentil rapportée dans les opuscules de Calvin.

Or vous sentez bien que cette puissance exclusive, ainsi reçue immédiatement du Peuple, gêne beaucoup les prétentions du Con-

---

en fait? A quels hommes d'Etat avons-nous à faire s'il faut leur dire ces choses-là? Les ignorent-ils, ou s'ils feignent de les ignorer?

(*b*) Le Conseil est présent aussi, mais ses membres ne jurent point & demeurent assis.

feil. Il eft donc naturel que pour fe délivrer de cette dépendance il tâche d'affoiblir peu-à-peu l'autorité des Syndics, de fondre dans le Confeil la jurifdiction qu'ils ont reçue, & de tranfmettre infenfiblement à ce corps perma-nent, dont le Peuple n'élit point les mem-bres, le pouvoir grand mais paffager des Magiftrats qu'il élit. Les Syndics eux-mêmes, loin de s'oppofer à ce changement doivent auffi le favorifer ; parce qu'ils font Syndics feulement tous les quatre ans, & qu'ils peu-vent même ne pas l'être ; au lieu que, quoi qu'il arrive, ils font Confeillers toute leur vie, le Grabeau n'étant plus qu'un vain cérémo-nial (c).

(c) Dans la premiere Inftitution, les quatre Syn-dics nouvellement élus & les quatre anciens Syndics réjettoient tous les ans huit membres des feize ref-tans du petit Confeil & en propofoient huit nou-veaux, lefquels paffoient enfuite aux fuffrages des

Cela gagné, l'élection des Syndics deviendra de même une cérémonie tout auſſi vaine que l'eſt déja la tenue des Conſeils généraux.

Deux-Cens, pour être admis ou rejettés. Mais inſenſiblement on ne rejetta des vieux Conſeillers que
ceux dont la conduite avoit donné priſe au blâme,
& lorſqu'ils avoient commis quelque faute grave, on
n'attendoit pas les élections pour les punir; mais
on les mettoit d'abord en priſon , & on leur faiſoit
leur procès comme au dernier particulier. Par cette regle d'anticiper le châtiment & de le rendre
ſévere, les Conſeillers reſtés étant tous irréprocha-
bles ne donnoient aucune priſe à l'excluſion : ce
qui changea cet uſage en la formalité cérémonieuſe
& vaine qui porte aujourd'hui le nom de *Grabeau*.
Admirable effet des Gouvernemens libres, où les u-
ſurpations mêmes ne peuvent s'établir qu'à l'appui
de la vertu !

Au reſte le droit réciproque des deux Conſeils
empêcheroit ſeul aucun des deux d'oſer s'en ſervir
ſur l'autre ſinon de conſert avec lui, de peur de
s'expoſer aux répréſailles. Le Grabeau ne ſert pro-
prementqu'à les tenir bien unis contre la bourgeoiſie, & à faire ſauter l'un par l'autre les membres
qui n'auroient pas l'eſprit du corps.

raux, & le petit Conseil verra fort paisible-
ment les exclusions ou préférences que le
Peuple peut donner pour le Syndicat à ses
membres, lorsque tout cela ne décidera plus
de rien.

Il a d'abord pour parvenir à cette fin un
grand moyen dont le Peuple ne peut connoître : c'est la police intérieure du Conseil,
dont, quoique réglée par les Edits, il peut
diriger la forme à son gré (*d*), n'ayant aucun
surveillant qui l'en empêche ; car quant au
Procureur général, on doit en ceci le compter pour rien (*e*).   Mais cela ne suffit pas

(*d*) C'est ainsi que dès l'année 1655 le petit Conseil & le Deux-Cent établirent dans leurs Corps la
balote & les billets, contre l'Edit.

(*e*) Le Procureur général, établi pour être l'homme de la Loi, n'est que l'homme du Conseil. Deux
causes font presque toujours exercer cette charge
contre l'esprit de son institution. L'une est le vice
de l'institution même qui fait de cette Magistrature

Partie II.   B

encore ; il faut accoutumer le Peuple même à ce tranſport de juriſdiction. Pour cela on ne commence pas par ériger dans d'importantes affaires des Tribunaux compoſés de ſeuls Conſeillers , mais on en érige d'abord de moins remarquables ſur des objets peu intéreſſans. On fait ordinairement préſider ces Tribunaux par un Syndic auquel on ſubſtitue

---

un dégré pour parvenir au Conſeil : au lieu qu'un Procureur général ne devoit rien voir au deſſus de ſa place & qu'il devoit lui être interdit par la Loi d'aſpirer à nulle autre. La ſeconde cauſe eſt l'imprudence du Peuple qui confie cette charge à des hommes apparentés dans le Conſeil, ou qui ſont de familles en poſſeſſion d'y entrer, ſans conſidérer qu'ils ne manqueront pas ainſi d'employer contre lui les armes qu'il leur donne pour ſa défenſe. J'ai ouï des Génevois diſtinguer l'homme du peuple d'avec l'homme de la Loi, comme ſi ce n'étoit pas la même choſe. Les Procureurs généraux devröient être durant leurs ſix ans les Chefs de la Bourgeioſie, & devenir ſon conſeil après cela : mais ne la voila-t-il pas bien protégée & bien conſeillée, & n'a-t-elle pas fort à ſe féliciter de ſon choix?

quelquefois un ancien Syndic , puis un Confeiller, fans que perfonne y faffe attention ; on
repette fans bruit cette manœuvre jufqu'à ce
qu'elle faffe ufage ; on la tranfporte au criminel. Dans une occafion plus importante on é-
rige un Tribunal pour juger des Citoyens. A
la faveur de la Loi des récufations on fait
préfider ce Tribunal par un Confeiller. Alors
le Peuple ouvre les yeux & murmure. On lui
dit, dequoi vous plaignez-vous ? Voyez les
exemples ; nous n'innovons rien.

Voila, Monfieur, la politique de vos Magiftrats. Ils font leurs innovations peu-à-peu,
lentement, fans que perfonne en voye la conféquence ; & quand enfin l'on s'en apperçoit
& qu'on y veut porter remede ; ils crient
qu'on veut innover.

Et voyez, en effet, fans fortir de cet exemple, ce qu'ils ont dit à cette occafion. Ils

s'appuyoient fur la Loi des récufations : on leur répond ; la Loi fondamentale de l'Etat veut que les Citoyens ne foient jugés que par leurs Syndics. Dans la concurrence de ces deux Loix celle - ci doit exclure l'autre ; en pareil cas pour les obferver toutes deux on devroit plutôt élire un Syndic *ad actum*. A ce mot, tout eft perdu ! Un Syndic *ad actum* ! innovation ! Pour moi, je ne vois rien là de fi nouveau qu'ils difent : fi c'eft le mot, on s'en fert tous les ans aux élections ; & fi c'eft la chofe, elle eft encore moins nouvelle ; puif- que les premiers Syndics qu'ait eu la Ville n'ont été Syndics qu'*ad actum* : Lorfque le Procureur-général eft recufable, n'en faut - il pas un autre *ad actum* pour faire fes fonctions ; & les adjoints tirés du Deux - Cent pour rem- plir les Tribunaux, que font - ils autre chofe que des Confeillers *ad actum* ? Quand un nou-

vel abus s'introduit ce n'eſt point innover que
d'y propoſer un nouveau remede ; au contraire, c'eſt chercher à rétablir les choſes ſur l'ancien pied. Mais ces Meſſieurs n'aiment point
qu'on fouille ainſi dans les antiquités de leur
Ville : Ce n'eſt que dans celles de Carthage &
de Rome qu'ils permettent de chercher l'explication de vos Loix.

Je n'entreprendrai point le parallele de celles de leurs entrepriſes qui ont manqué & de
celles qui ont réuſſi : quand il y auroit compenſation dans le nombre, il n'y en auroit
point dans l'effet total. Dans une entrepriſe
exécutée ils gagnent des forces ; dans une entrepriſe manquée ils ne perdent que du tems.
Vous, au contraire, qui ne cherchez & ne
pouvez chercher qu'à maintenir votre conſtitution, quand vous perdez, vos pertes ſont
réelles, & quand vous gagnez, vous ne

gagnez rien. Dans un progrès de cette efpece comment efpérer de refter au même
point ?

De toutes les époques qu'offre à méditer
l'hiftoire inftructive de votre Gouvernement,
la plus remarquable par fa caufe & la plus importante par fon effet, eft celle qui a produit
le réglement de la Médiation. Ce qui donna
lieu primitivement à cette célebre époque fut
une entreprife indifcrete, faite hors de tems
par vos Magiftrats. Avant d'avoir affez affer-
mi leur puiffance ils voulurent ufurper le droit
de mettre des impôts. Au lieu de réferver ce
coup pour le dernier l'avidité le leur fit porter avant les autres, & précifément après une
commotion qui n'étoit pas bien affoupie. Cette faute en attira de plus grandes, difficiles à
réparer. Comment de fi fins politiques igno-
roient-ils une maxime auffi fimple que celle

qu'ils choquerent en cette occasion? Par tout pays le peuple ne s'apperçoit qu'on attente à sa liberté que lorsqu'on attente à sa bourse; ce qu'aussi les usurpateurs adroits se gardent bien de faire que tout le reste ne soit fait. Ils voulurent renverser cet ordre & s'en trouverent mal (f). Les suites de cette affaire produisirent les mouvemens de 1734 & l'affreux complot qui en fut le fruit.

Ce fut une seconde faute pire que la premiere. Tous les avantages du tems font pour eux; ils se les ôtent dans les entreprises brus-

---

(f) L'objet des impôts établis en 1716 étoit la dépense des nouvelles fortifications : Le plan de ces nouvelles fortifications étoit immense & il a été exécuté en partie. De si vastes fortifications rendoient nécessaire une grosse garnison, & cette grosse garnison avoit pour but de tenir les Citoyens & Bourgeois sous le joug. On parvenoit par cette voye à former à leurs dépends les fers qu'on leur préparoit. Le projet étoit bien lié, mais il marchoit dans un ordre rétrograde. Aussi n'a-t-il pu réussir.

ques, & mettent la machine dans le cas de
fe remonter tout d'un coup: c'eft ce qui faillit arriver dans cette affaire. Les événemens
qui précéderent la Médiation leur firent perdre un fiécle & produifirent un autre effet
défavorable pour eux. Ce fut d'apprendre à
l'Europe que cette Bourgeoifie qu'ils avoient
voulu détruire & qu'ils peignoient comme
une populace effrénée, favoit garder dans fes
avantages la modération qu'ils ne connurent
jamais dans les leurs.

Je ne dirai pas fi ce recours à la Médiation doit être compté comme une troifieme
faute. Cette Médiation fut ou parut offerte;
fi cette offre fut réelle ou follicitée c'eft ce
que je ne puis ni ne veux pénétrer : je fais
feulement que tandis que vous couriez le plus
grand danger tout garda le filence, & que ce
filence ne fut rompu que quand le danger

paffa dans l'autre parti. Du refte, je veux
d'autant moins imputer à vos Magiftrats d'a-
voir imploré la Médiation, qu'ofer même en
parler eft à leurs yeux le plus grand des
crimes.

Un Citoyen fe plaignant d'un emprifonnement illégal injufte & deshonorant, deman-
doit comment il falloit s'y prendre pour recourir à la garantie. Le Magiftrat auquel il
s'adreffoit ofa lui répondre que cette feule
propofition méritoit la mort. Or vis-à-vis du
Souverain le crime feroit auffi grand & plus
grand, peut-être, de la part du Confeil que
de la part d'un fimple particulier ; & je ne
vois pas où l'on en peut trouver un digne de
mort dans un fecond recours, rendu légitime
par la garantie qui fût l'effet du premier.

Encore un coup, je n'entreprends point
de difcuter une queftion fi délicate à traiter

& fi difficile à réfoudre. J'entreprends fimplement d'examiner, fur l'objet qui nous occupe, l'état de votre Gouvernement, fixé ci-
devant par le réglement des Plénipotentiaires,
mais dénaturé maintenant par les nouvelles
entreprifes de vos Magiftrats. Je fuis obligé
de faire un long circuit pour aller à mon but,
mais daignez me fuivre, & nous nous re-
trouverons bien.

Je n'ai point la témérité de vouloir critiquer ce réglement ; au contraire, j'en admire
la fageffe & j'en refpecte l'impartialité. J'y
crois voir les intentions les plus droites & les
difpofitions les plus judicieufes. Quand on
fait combien de chofes étoient contre vous
dans ce moment critique, combien vous aviez
de préjugés à vaincre, quel crédit à furmon-
ter, que de faux expofés à détruire ; quand on
fe rappelle avec quelle confiance vos adverfai-

res comptoient vous écraser par les mains d'autrui, l'on ne peut qu'honorer le zele la constance & les talens de vos défenseurs, l'équité des Puissances médiatrices & l'intégrité des Plénipotentiaires qui ont consommé cet ouvrage de paix.

Quoi qu'on en puisse dire, l'Edit de la Médiation a été le salut de la République, & quand on ne l'enfreindra pas il en sera la conservation. Si cet Ouvrage n'est pas parfait en lui-même, il l'est rélativement ; il l'est quant aux tems aux lieux aux circonstances ; il est le meilleur qui vous put convenir. Il doit vous être inviolable & sacré par prudence, quand il ne le seroit pas par nécessité, & vous n'en devriez pas ôter une Ligne, quand vous seriez les maîtres de l'anéantir. Bien plus, la raison même qui le rend nécessaire, le rend nécessaire dans son entier. Comme tous les articles balancés forment l'équilibre, un feul article altéré le détruit. Plus le réglement eft utile, plus il feroit nuifible ainfi mutilé. Rien ne feroit plus dangereux que plufieurs articles pris féparément & détachés du corps qu'ils affermiffent. Il vaudroit mieux que l'édifice fut rafé qu'ébranlé. Laiffez ôter une feule pierre de la voûte, & vous ferez écrafés fous fes ruines.

Rien n'eft plus facile à fentir par l'examen des articles dont le Confeil fe prévaut & de ceux qu'il veut éluder. Souvenez-vous, Monfieur, de l'efprit dans lequel j'entreprends cet examen. Loin de vous confeiller de toucher à l'Edit de la Médiation, je veux vous faire fentir combien il vous importe de n'y laiffer porter nulle atteinte. Si je parois critiquer quelques articles, c'eft pour montrer de quelle conféquence il feroit d'ôter ceux qui les rectifient. Si je parois propofer des expédiens qui ne s'y rapportent pas, c'eſt pour montrer la mauvaiſe foi de ceux qui trouvent des difficultés inſurmontables où rien n'eſt plus aiſé que de lever ces difficultés. Après cette explication j'entre en matiere ſans ſcrupule, bien perſuadé que je parle à un homme trop équitable pour me prêter un deſſein tout contraire au mien.

Je ſens bien que ſi je m'adreſſois aux étrangers il conviendroit pour me faire entendre de commencer par un tableau de votre conſtitution; mais ce tableau ſe trouve déja tracé ſuffiſamment pour eux dans l'article Genève de M. d'Alembert, & un expoſé plus détaillé ſeroit ſuperflu pour vous qui connoiſſez vos Loix politiques mieux que moi-même, ou qui du moins en avez vu le jeu de plus près. Je me borne donc à parcourir les

articles du réglement qui tiennent à la queſtion préſente & qui peuvent le mieux en
fournir la ſolution.

Dès le premier je vois votre Gouvernement compoſé de cinq ordres ſubordonnés
mais indépendans, c'eſt-à-dire exiſtans néceſſairement, dont aucun ne peut donner atteinte aux droits & attributs d'un autre, & dans
ces cinq ordres je vois compris le Conſeil général. Dès-là je vois dans chacun des cinq
une portion particuliere du Gouvernement ;
mais je n'y vois point la Puiſſance conſtitutive
qui les établit, qui les lie, & de laquelle ils
dépendent tous : je n'y vois point le Souverain.
Or dans tout Etat politique il faut une Puiſſance ſuprême, un centre où tout ſe rapporte,
un principe d'où tout dérive, un Souverain
qui puiſſe tout.

Figurez-vous, Monſieur, que quelqu'un

vous rendant compte de la conftitution de l'Angleterre vous parle ainfi. ,, Le Gouver-
,, nement de la Grande Bretagne eft compofé
,, de quatre Ordres dont aucun ne peut at-
,, tenter aux droits & attributions des autres ;
,, favoir, le Roi, la Chambre haute, la Cham-
,, bre baffe, & le Parlement ". Ne diriez-vous
pas à l'inftant ; vous vous trompez : il n'y a
que trois Ordres. Le Parlement qui, lorfque le
Roi y fiége, les comprend tous, n'en eft pas
un quatrieme : il eft le tout ; il eft le pouvoir
unique & fuprême duquel chacun tire fon
exiftence & fes droits. Revêtu de l'autorité
légiflative, il peut changer même la Loi fondamentale en vertu de laquelle chacun de ces
ordres exifte ; il le peut, & de plus, il l'a fait.

Cette réponfe eft jufte, l'application en eft
claire ; & cependant il y a encore cette différence que le Parlement d'Angleterre n'eft fou-

verain qu'en vertu de la Loi & feulement par attribution & députation. Au lieu que le Conſeil général de Genève n'eſt établi ni député de perſonne; il eſt ſouverain de ſon propre chef: il eſt la Loi vivante & fondamentale qui donne vie & force à tout le reſte, & qui ne connoit d'autres droits que les ſiens. Le Conſeil général n'eſt pas un ordre dans l'Etat, il eſt l'Etat même.

L'Article ſecond porte que les Syndics ne pourront être pris que dans le Conſeil des Vingt-cinq. Or les Syndics ſont des Magiſtrats annuels que le peuple élit & choiſit, non ſeulement pour être ſes juges, mais pour être ſes Protecteurs au beſoin contre les membres perpétuels des Conſeils, qu'il ne choiſit pas (g).   L'ef-

---

(g) En attribuant la nomination des membres du petit Conſeil au Deux-Cent rien n'étoit plus aiſé

L'effet de cette reſtriction dépend de la différence qu'il y a entre l'autorité des membres
du Conſeil & celle des Syndics. Car ſi la différence n'eſt très grande, & qu'un Syndic
n'eſtime plus ſon autorité annuelle comme Syndic que ſon autorité perpétuelle comme Conſeiller, cette élection lui ſera preſque indiffé-
rente; il fera peu pour l'obtenir & ne fera rien
pour la juſtifier. Quand tous les membres du
Conſeil animés du même eſprit ſuivront les

---

que d'ordonner cette attribution ſelon la Loi fondamentale. Il ſuffiſoit pour cela d'ajouter qu'on ne
pourroit entrer au Conſeil qu'après avoir été Auditeur. De cette maniere la gradation des charges é-
toit mieux obſervée, & les trois Conſeils concou-
roient aux choix de celui qui fait tout mouvoir; ce
qui étoit non ſeulement important mais indiſpenſa-
ble, pour maintenir l'unité de la conſtitution. Les
Génevois pourront ne pas ſentir l'avantage de cette
clauſe, vu que le choix des Auditeurs eſt aujour-
d'hui de peu d'effet; mais on l'eut conſidéré bien
différemment quand cette charge fut devenue la
ſeule porte du Conſeil.

Partie II.   C

mêmes maximes, le Peuple, fur une conduite commune à tous ne pouvant donner d'ex-clufion à perfonne, ni choifir que des Syndics déja Confeillers, loin de s'affurer par cette é-lection des Patrons contre les attentats du Con-feil, ne fera que donner au Confeil de nou-velles forces pour opprimer la liberté.

Quoique ce même choix, eut lieu pour l'or-dinaire dans l'origine de l'inftitution, tant qu'il fut libre il n'eut pas la même conféquen-ce. Quand le Peuple nommoit les Confeillers lui-même, ou quand il les nommoit indirecte-ment par les Syndics qu'il avoit nommés, il lui étoit indifférent & même avantageux de choifir fes Syndics parmi des Confeillers déja de fon choix (b), & il étoit fage alors de

____

(b) Le petit Confeil dans fon origine n'étoit qu'un choix fait entre le Peuple, par les Syndics, de quelques Notables ou Prud-hommes pour leur préférer des chefs déja versés dans les affaires : mais une considération plus importante eut dû l'emporter aujourd'hui sur celle - là. Tant il est vrai qu'un même usage a des effets différens par les changemens des usages qui s'y rapportent, & qu'en cas pareil c'est innover que n'innover pas!

L'Article III. du Réglement est plus considérable. Il traite du Conseil général légitime-

---

servir d'Assesseurs. Chaque Syndic en choisissoit quatre ou cinq dont les fonctions finissoient avec les siennes : quelquefois même il les changeoit durant le cours de son Syndicat. *Henri* dit l'*Espagne* fut le premier Conseiller à vie en 1487, & il fut établi par le Conseil général. Il n'étoit pas même nécessaire d'être Citoyen pour remplir ce poste. La Loi n'en fut faite qu'à l'occasion d'un certain Michel Guillet de Thonon, qui, ayant été mis du Conseil étroit, s'en fit chasser pour avoir usé de mille finesses ultramontaines qu'il apportoit de Rome où il avoit été nourri. Les Magistrats de la Ville, alors vrais Génevois & Peres du Peuple, avoient toutes ces subtilités en horreur.

ment affemblé : il en traite pour fixer les droits
& attributions qui lui font propres, & il lui
en rend plufieurs que les Confeils inférieurs
avoient ufurpés. Ces droits en totalité font
grands & beaux, fans doute ; mais premiérement ils font fpécifiés , & par cela feul limités ; ce qu'on pofe exclud ce qu'on ne pofe
pas, & même le mot *limités* eft dans l'Article.
Or il eft de l'effence de la Puiffance Souveraine de ne pouvoir être limitée : elle peut tout
ou elle n'eft rien. Comme elle contient émi-
nemment toutes les puiffances actives de l'E-
tat & qu'il n'exifte que par elle , elle n'y peut
reconnoître d'autres droits que les fiens &
ceux qu'elle communique. Autrement les pof-
feffeurs de ces droits ne feroient point partie
du corps politique ; ils lui feroient étrangers
par ces droits qui ne feroient pas en lui, & la
perfonne morale manquant d'unité s'évanouï-
roit.

Cette limitation même eſt poſitive en ce qui concerne les Impôts. Le Conſeil Souverain lui-même n'a pas le droit d'abolir eux qui étoit établis avant 1714. Le voila donc à cet égard ſoumis à une puiſſance ſupérieure. Quelle eſt cette Puiſſance ?

Le pouvoir Légiſlatif conſiſte en deux choſes inſéparables: faire les Loix & les maintenir; c'eſt-à-dire, avoir inſpection ſur le pouvoir exécutif. Il n'y a point d'Etat au monde où le Souverain n'ait cette inſpection. Sans cela toute liaiſon toute ſubordination manquant entre ces deux pouvoirs, le dernier ne dépendroit point de l'autre; l'exécution n'auroit aucun rapport néceſſaire aux Loix; la *Loi* ne ſeroit qu'un mot, & ce mot ne ſignifieroit rien. Le Conſeil général eut de tout tems ce droit de protection ſur ſon propre ouvrage, il l'a toujours exercé: Cependant il n'en eſt point parlé |dans cet article , & s'il n'y étoit ſuppléé dans un autre , par ce ſeul ſilence votre Etat ſeroit renverſé. Ce point eſt important & j'y reviendrai ci-après.

Si vos droits ſont bornés d'un côté dans cet Article , ils y ſont étendus de l'autre par les paragraphes 3 & 4: mais cela fait-il compenſation ? Par les principes établis dans le Contract Social , on voit que malgré l'opinion commune , les alliances d'Etat à Etat , les déclarations de Guerre & les traités de paix ne ſont pas des actes de ſouveraineté mais de Gouvernement , & ce ſentiment eſt conforme à l'uſage des Nations qui ont le mieux connu les vrais principes du Droit politique. L'exercice extérieur de la Puiſſance ne convient point au Peuple; les grandes maximes d'Etat ne ſont pas à ſa portée; il doit s'en rapporter là-deſſus à ſes chefs qui,

toujours plus éclairés que lui fur ce point,
n'ont guere intérêt à faire au dehors des traités défavantageux à la patrie ; l'ordre veut
qu'il leur laiffe tout l'éclat extérieur & qu'il
s'attache uniquement au folide. Ce qui importe effenciellement à chaque Citoyen, c'eft l'obfervation des Loix au dedans, la propriété des
biens, la fûreté des particuliers. Tant que tout
ira bien fur ces trois point, laiffez les Confeils
négocier & traiter avec l'étranger ; ce n'eft
pas delà que viendront vos dangers les plus à
craindre. C'eft autour des individus qu'il faut
raffembler les droits du Peuple, & quand on
peut l'attaquer féparément on le fubjugue toujours. Je pourrois alléguer la fageffe des Romains qui, laiffant au Senat un grand pouvoir
au dehors le forçoient dans la Ville à refpecter
le dernier Citoyen ; mais n'allons pas fi loin
chercher des modeles. Les Bourgeois de

Neufchâtel se sont conduits bien plus sagement sous leurs Princes que vous sous vos Magis-trats (*b*). Ils ne font ni la paix ni la guerre, ils ne ratifient point les traités, mais ils jouïs-sent en sûreté de leurs franchises ; & comme la Loi n'a point présumé que dans une petite Ville un petit nombre d'honnêtes Bour-geois seroient des scélérats, on ne reclame point dans leurs murs, on n'y connoit pas même l'odieux droit d'emprisonner sans for-malités. Chez vous on s'est toûjours laissé sé-duire à l'apparence, & l'on a négligé l'essen-senciel. On s'est trop occupé du Conseil gé-néral, & pas assez de ses membres : il falloit moins songer à l'autorité, & plus à la liber-

té,

____

(*b*) Ceci soit dit en mettant à part les abus, qu'assurément je suis bien éloigné d'approuver.

té. Revenons aux Conseils généraux.

Outre les Limitations de l'Article III, les Articles V & VI en offrent de bien plus étranges. Un corps souverain qui ne peut ni se former ni former aucune opération de lui-même, & soumis absolument, quant à son activité & quant aux matieres qu'il traite, à des tribunaux subalternes. Comme ces Tribunaux n'approuveront certainement pas des propositions qui leur seroient en particulier préjudiciables, si l'intérêt de l'Etat se trouve en conflit avec le leur le dernier a toujours la préférence, parce qu'il n'est permis au Législateur de connoître que de ce qu'ils ont approuvé.

A force de tout soumettre à la regle on détruit la premiere des regles, qui est la justice & le bien public. Quand les hommes sentiront-ils qu'il n'y a point de désordre aussi funeste que le pouvoir arbitraire, avec lequel ils

Partie II. D

penſent y remédier? Ce pouvoir eſt lui-même
le pire de tous les déſordres : employer un tel
moyen pour les prévenir, c'eſt tuer les gens
afin qu'ils n'aient pas la fiévre.

Une grande Troupe formée en tumulte peut
faire beaucoup de mal. Dans une aſſemblée
nombreuſe, quoique réguliere, ſi chacun peut
dire & propoſer ce qu'il veut, on perd bien
du tems à écouter des folies & l'on peut ê-
tre en danger d'en faire. Voila des vérités
inconteſtables ; mais eſt-ce prévenir l'abus
d'une maniere raiſonnable, que de faire dépen-
dre cette aſſemblée uniquement de ceux qui
voudroient l'anéantir, & que nul n'y puiſſe
rien propoſer que ceux qui ont le plus grand
intérêt de lui nuire? Car, Monſieur, n'eſt-ce
pas exactement là l'état des choſes, & y a-t-
il un ſeul Génevois qui puiſſe douter que ſi
l'exiſtence du Conſeil général dépendoit tout

à-fait du petit Conseil, le Conseil général ne fut pour jamais supprimé?

Voila pourtant le Corps qui seul convoque ces assemblées & qui seul y propose ce qu'il lui plait : car pour le Deux-Cent il ne fait que répéter les ordres du petit Conseil, & quand une fois celui-ci sera délivré du Conseil général le Deux-Cent ne l'embarrassera gueres ; il ne fera que suivre avec lui la route qu'il a frayée avec vous.

Or qu'ai-je à craindre d'un supérieur incomode dont je n'ai jamais besoin, qui ne peut se montrer que quand je le lui permets, ni répondre que quand je l'interroge ? Quand je l'ai réduit à ce point ne puis-je pas m'en regarder comme délivré ?

Si l'on dit que la Loi de l'État a prévenu l'abolition des Conseils généraux en les rendant nécessaires à l'élection des Magistrats &

à la fanction des nouveaux Edits; je réponds, quant au premier point, que toute la force du Gouvernement étant paffée des mains des Magiftrats élûs par le Peuple dans celles du petit Confeil qu'il n'élit point & d'où fe tirent les principaux de ces Magiftrats, l'élection & l'affemblée où elle fe fait ne font plus qu'une vaine formalité fans confiftance, & que des Confeils généraux tenus pour cet unique objet peuvent être regardés comme nuls. Je réponds encore que par le tour que prennent les chofes il feroit même aifé d'éluder cette Loi fans que le cours des affaires en fut arrêté : car fuppofons que, foit par la rejection de tous les fujets préfentés, foit fous d'autres prétextes, on ne procede point à l'élection des Syndics, le Confeil, dans lequel leur jurifdiction fe fond infenfiblement, ne l'exercera-t-il pas à leur défaut, comme il l'exerce dès à préfent indépendamment d'eux ? N'ofe-t-on pas déja vous dire que le petit Confeil, même fans les Syndics, eft le Gouvernement ? Donc fans les Syndics l'Etat n'en fera pas moins gouverné. Et quant aux nouveaux Edits, je réponds qu'ils ne feront jamais affez néceffaires pour qu'à l'aide des anciens & de fes ufurpations, ce même Confeil ne trouve aifément le moyen d'y fuppléer. Qui fe met au deffus des anciennes Loix peut bien fe paffer des nouvelles.

Toutes les mefures font prifes pour que vos Affemblées générales ne foient jamais néceffaires. Non feulement le Confeil périodique inftitué ou plutôt rétabli (*i*) l'an 1707. n'a ja-

____

(*i*) Ces Confeils périodiques font auffi anciens que la Légiflation, comme on le voit par le dernier Article de l'Ordonnance eccléfiaftique. Dans celle de 1576 imprimée en 1735 ces Confeils font fixés de cinq en cinq ans ; mais dans l'Ordonnance de 1561 imprimais été tenu qu'une fois & feulement pour l'abolir (*k*), mais par le paragraphe 5 du troifieme Article du réglement il a été pourvû fans vous & pour toujours aux frais de l'adminiftration. Il n'y a que le feul cas chimérique d'une guerre indifpenfable où le Confeil général doive abfolument être convoqué.

Le petit Confeil pourroit donc fupprimer abfolument les Confeils généraux fans autre inconvénient que de s'attirer quelques répréfentations qu'il eft en poffeffion de rebuter, ou

---

mée en 1562 ils étoient fixés de trois en trois ans. Il n'eft pas raifonnable de dire que ces Confeils n'avoient pour objet que la lecture de cette Ordonnance , puifque l'impreffion qui en fut faite en même tems donnoit à chacun la facilité de la lire à toute heure à fon aife , fans qu'on eut befoin pour cela feul de l'appareil d'un Confeil général. Malheureufement on a pris grand foin d'effacer bien des traditions anciennes qui feroient maintenant d'un grand ufage pour l'éclairciffement des Edits.

(*k*) J'examinerai ci-après cet Edit d'abolition.

d'exciter quelques vains murmures qu'il peut mépriser sans risque; car par les articles VII. XXIII. XXIV. XXV. XLIII. toute espece de résistance est défendue en quelque cas que ce puisse être, & les ressources qui sont hors de la constitution n'en font pas partie & n'en corrigent pas les défauts.

Il ne le fait pas, toutefois, parce qu'au fond cela lui est très indifférent, & qu'un simulacre de liberté fait endurer plus patiemment la servitude. Il vous amuse à peu de frais, soit par des élections sans conséquence quant au pouvoir qu'elles conferent & quant au choix des sujets élus, soit par des Loix qui paroissent importantes, mais qu'il a soin de rendre vaines, en ne les observant qu'autant qu'il lui plait.

D'ailleurs on ne peut rien proposer dans ces assemblées, on n'y peut rien discuter, on n'y peut délibérer fur rien. Le petit Confeil y préfide, & par lui-même, & par les Syndics qui n'y portent que l'efprit du corps. Là-même il eft Magiftrat encore & maître de fon Souverain. N'eft-il pas contre toute raifon que le corps exécutif regle la police du corps Légiflatif, qu'il lui prefcrive les matieres dont il doit connoître, qu'il lui interdife le droit d'opiner, & qu'il exerce fa puiffance abfolue jufques dans les actes faits pour la contenir ?

Qu'un corps fi nombreux (*l*) ait befoin de

_____

(*l*) Les Confeils généraux étoient autrefois très fréquens à Genève, & tout ce qui fe faifoit de quelque importance y étoit porté. En 1707 M. le Syndic Chouet difoit dans une harangue devenue célebre que de cette fréquence venoit jadis la foibleffe & le malheur de l'Etat ; nous verrons bientôt ce qu'il en faut croire. Il infifte auffi fur l'extrême augmentation du nombre des membres, qui rendroit aujourd'hui cette fréquence impoffible, affirmant qu'autrefois cette affemblée ne paffoit pas deux à trois

police & d'ordre, je l'accorde : Mais que cette police & cet ordre ne renverfent pas le

---

cents , & qu'elle eft à préfent de treize à quatorze
cents.   Il y a des deux côtés beaucoup d'exagéra-
tion.

Les plus anciens Confeils généraux étoient au
moins de cinq à fix cénts membres ; on feroit peut-
être bien embarraffé d'en citer un feul qui n'ait été
que de deux ou trois cents.   En 1420 on y en
compta 720 ftipulans pour tous les autres , & peu
de tems après on reçut encore plus de deux cents
Bourgeois.

Quoique la Ville de Genève foit devenue plus
commerçante & plus riche, elle n'a pû devenir
beaucoup plus peuplée, les fortifications n'ayant pas
permis d'aggrandir l'enceinte de fes murs & ayant
fait rafer fes fauxbourgs.   D'ailleurs, prefque fans
territoire & à la merci de fes voifins pour fa fubfif-
tance, elle n'auroit pû s'aggrandir fans s'affoiblir.
En 1404 on y compta treize cents feux faifant au
moins treize mille ames.   Il n'y en a gueres plus
de vingt mille aujourd'hui ; rapport bien éloigné de
celui de 3 à 14.   Or de ce nombre il faut déduire
encore celui des natifs, habitans, étrangers, qui
n'entrent pas au Confeil général ; nombre fort aug-
menté rélativement à celui des Bourgeois depuis le
réfuge des François & le progrès de l'induftrie.
Quelques Confeils généraux font allés de nos jours

but de fon inftitution. Eft-ce donc une chofe plus difficile d'établir la regle fans fervitu-

---

à quatorze & même à quinze cents; mais commu-
nément ils n'approchent pas de ce nombre; fi quelques-uns même vont à treize, ce n'eft que dans
des occafions critiques où tous les bons Citoyens
croiroient manquer à leur ferment de s'abfenter, &
où les Magiftrats, de leur côté, font venir du dehors leurs cliens pour favorifer leurs manœuvres ;
or ces manœuvres, inconnues au quinzieme fiécle
n'exigeoient point alors de pareils expédiens. Généralement le nombre ordinaire roule entre huit à
neuf cents; quelquefois il refte au-deffous de celui
de l'an 1420, furtout lorfque l'affemblée fe tient en
été & qu'il s'agit de chofes peu importantes. J'ai
moi-même affifté en 1754 à un Confeil général qui
n'étoit certainement pas de fept cents membres.

Il réfulte de ces diverfes confidérations que,
tout balancé, le Confeil général eft à-peu-près aujourd'hui, quant au nombre, ce qu'il étoit il y a
deux ou trois fiécles, ou du moins que la différence eft peu confidérable. Cependant tout le monde y parloit alors ; la police & la décence qu'on y
voit régner aujourd'hui n'étoit pas établie. On
crioit quelquefois ; mais le peuple étoit libre, le
Magiftrat refpecté, & le Confeil s'affembloit fréquemment. Donc M. le Syndic Chouet accufoit
faux, & raifonnoit mal.

de entre quelques centaines d'hommes naturellement graves & froids, qu'elle ne l'étoit à
Athènes, dont on nous parle, dans l'affemblée
de plufieurs milliers de Citoyens emportés
bouillans & prefque effrénés ; qu'elle ne l'étoit
dans la Capitale du monde, où le Peuple en
corps exerçoit en partie la Puiffance exécutive, & qu'elle ne l'eft aujourd'hui même dans
le grand Confeil de Venife, auffi nombreux
que votre Confeil général ? On fe plaint de
l'impolice qui regne dans le Parlement d'Angleterre ; & toutefois dans ce corps compofé
de plus de fept cents membres, où fe traitent
de fi grandes affaires, où tant d'intérêts fe
croifent, où tant de cabales fe forment, où
tant de têtes s'échauffent, où chaque membre
a le droit de parler, tout fe fait, tout s'expé-
die, cette grande Monarchie va fon train ; &
chez vous où les intérêts font fi fimples fi peu

compliqués, où l'on n'a, pour ainſi à régler que les affaires d'une famille, on vous fait peur des orages comme ſi tout alloit renverſer! Monſieur, la police de votre Conſeil général eſt la choſe du monde la plus facile; qu'on veuille ſincérement l'établir pour le bien public, alors tout y ſera libre & tout s'y paſſera plus tranquillement qu'aujourd'hui.

Suppoſons que dans le Réglement on eut pris la méthode oppoſée à celle qu'on a ſuivie; qu'au lieu de fixer les Droits du Conſeil général on eut fixé ceux des autres Conſeils, ce qui par là-même eut montré les ſiens; convenez qu'on eut trouvé dans le ſeul petit Conſeil un aſſemblage de pouvoirs bien étrange pour un Etat libre & démocratique, dans des chefs que le Peuple ne choiſit point & qui reſtent en place toute leur vie.

D'abord l'union de deux choſes par-tout ailleurs

leurs incompatibles ; favoir , l'adminiftration des affaires de l'Etat & l'exercice fuprême de la juftice fur les biens la vie & l'honneur des Citoyens.

Un Ordre, le dernier de tous par fon rang & le premier par fa puiffance.

Un Confeil inférieur fans lequel tout eft mort dans la République ; qui propofe feul, qui décide le premier, & dont la feule voix, même dans fon propre fait, permet à fes fu-périeurs d'en avoir une.

Un Corps qui reconnoît l'autorité d'un au-tre, & qui feul a la nomination des membres de ce corps auquel il eft fubordonné.

Un Tribunal fuprême duquel on appelle ; ou bien au contraire, un Juge inférieur qui pré-fide dans les Tribunaux fupérieurs au fien.

Qui , après avoir fiégé comme Juge infé-rieur dans le Tribunal dont on appelle , non

Partie II.   E

feulement va fiéger comme Juge fuprême dans le Tribunal où eft appellé, mais n'a dans ce Tribunal fuprême que les collegues qu'il s'eft lui-même choifis.

Un Ordre, enfin, qui feul a fon activité propre, qui donne à tous les autres la leur, & qui dans tous foutenant les réfolutions qu'il a prifes, opine deux fois & vote trois (*m*).

(*m*) Dans un Etat qui fe gouverne en République & où l'on parle la langue françoife, il faudroit fe faire un langage à part pour le Gouvernement. Par exemple, *Délibérer*, *Opiner*, *Voter*, font trois chofes très différentes & que les François ne diftinguent pas affez. *Délibérer*, c'eft pefer le pour & le contre; *Opiner* c'eft dire fon avis & le motiver; *Voter* c'eft donner fon fuffrage, quand il ne refte plus qu'à recueillir les voix. On met d'abord la matiere en délibération. Au premier tour on opine; on vote au dernier. Les Tribunaux ont par tout à-peu-près les mêmes formes, mais comme dans les Monarchies le public n'a pas befoin d'en apprendre les termes, ils reftent confacrés au Barreau. C'eft par une autre inexactitude de la Langue en ces matieres que M. de Montefquieu, qui

L'appel du petit Conseil au Deux-Cent eſt un véritable jeu d'enfant. C'eſt une farce en politique, s'il en fut jamais. Auſſi n'appelle-t-on pas proprement cet appel un appel; c'eſt une grace qu'on implore en juſtice, un re-cours en caſſation d'arrêt; on ne comprend pas ce que c'eſt. Croit-on que ſi le petit Conseil n'eut bien ſenti que ce dernier recours étoit ſans conſéquence, il s'en fut volontaire-ment dépouillé comme il fit? Ce déſintéreſſe-ment n'eſt pas dans ſes maximes.

Si les jugemens du petit Conseil ne ſont pas toujours confirmés en Deux-Cent, c'eſt dans les affaires particulieres & contradictoi-res où il n'importe guere au Magiſtrat la-

---

la ſavoit ſi bien, n'a pas laiſſé de dire toujours *la Puiſſance exécutrice*, bleſſant ainſi l'analogie, & faiſant adjectif le mot *exécuteur* qui eſt ſubſtantif. C'eſt la même faute que s'il eut dit; *le Pouvoir légiſlateur*.

quelle des deux Parties perde ou gagne son procès. Mais dans les affaires qu'on pourfuit d'office, dans toute affaire où le Confeil lui-même prend intérêt, le Deux-Cent repare-t-il jamais fes injuftices, protege-t-il jamais l'opprimé, ofe-t-il ne pas confirmer tout ce qu'a fait le Confeil, ufa-t-il jamais une feule fois avec honneur de fon droit de faire grace? Je rappelle à regret des tems dont la mémoire eft terrible & néceffaire. Un Citoyen que le Confeil immole à fa vengeance a recours au Deux-Cent; l'infortuné s'avilit jufqu'à demander grace; fon innocence n'eft ignorée de perfonne; toutes les régles ont été violées dans fon procès: la grace eft refufée, & l'innocent périt. Fatio fentit fi bien l'inutilité du recours au Deux-Cent qu'il ne daigna pas s'en fervir.

Je vois clairement ce qu'eft le Deux-Cent

à Zurich, à Berne, à Fribourg & dans les autres Etats aristocratiques; mais je ne saurois voir ce qu'il est dans votre Constitution ni quelle place il y tient. Est-ce un Tribunal supérieur ? En ce cas, il est absurde que le Tribunal inférieur y siége. Est-ce un corps qui réprésente le Souverain ? En ce cas c'est au Réprésenté de nommer son Réprésentant. L'établissement du Deux-Cent ne peut avoir d'autre fin que de modérer le pouvoir énorme du petit Conseil; & au contraire, il ne fait que donner plus de poids à ce même pouvoir. Or tout Corps qui agit constamment contre l'esprit de son Institution est mal institué.

Que sert d'appuyer ici sur des choses notoires qui ne sont ignorées d'aucun Génevois ? Le Deux-Cent n'est rien par lui-même; il n'est que le petit Conseil qui reparoit sous une autre forme. Une seule fois il voulut tâcher de se-

couer le joug de fes maîtres & fe donner une
exiftence indépendante , & par cet unique ef-
fort l'Etat faillit être renverfé. Ce n'eft qu'au
feul Confeil général que le Deux-Cent doit
encore une apparence d'autorité. Cela fe vit
bien clairement dans l'époque dont je parle,
& cela fe verra bien mieux dans la fuite, fi le
petit Confeil parvient à fon but ; ainfi quand
de concert avec ce dernier le Deux-Cent tra-
vaille à déprimer le Confeil général, il travail-
le à fa propre ruine, & s'il croit fuivre les bri-
fées du Deux-Cent de Berne, il prend bien
groffiérement le change ; mais on a prefque
toujours vû dans ce Corps peu de lumieres &
moins de courage, & cela ne peut guere ê-
tre autrement par la maniere dont il eft rempli (n).

(n) Ceci s'entend en général & feulement de
l'efprit du corps : car je fais qu'il y a dans le Deux-

Vous voyez, Monsieur, combien au lieu de spécifier les droits du Conseil Souverain, il eut été plus utile de spécifier les attributions des corps qui lui sont subordonnés, & sans aller plus loin, vous voyez plus évidemment encore que, par la force de certains articles pris séparément, le petit Conseil est

---

Cent des membres très éclairés & qui ne manquent pas de zele : mais incessamment sous les yeux du petit Conseil, livrés à sa merci sans appui sans ressource, & sentant bien qu'ils seroient abandonnés de leur Corps, ils s'abstiennent de tenter des démarches inutiles qui ne feroient que les compromettre & les perdre. La vile tourbe bourdonne & triomphe. Le sage se tait & gémit tout bas.

Au reste le Deux-Cent n'a pas toujours été dans le discrédit où il est tombé. Jadis il jouït de la considération publique & de la confiance des Citoyens : aussi lui laissoient-ils sans inquiétude exercer les droits du Conseil général, que le petit Conseil tacha dès-lors d'attirer à lui par cette voye indirecte. Nouvelle preuve de ce qui sera dit plus bas, que la Bourgeoisie de Genève est peu remuante & ne cherche guere à s'intriguer des affaires d'Etat.

E 4

l'arbitre suprême des Loix & par elles du fort de tous les particuliers. Quand on confidere les droits des Citoyens & Bourgeois affemblés en Confeil général, rien n'eft plus brillant: Mais confidérez hors de-là ces mêmes Citoyens & Bourgeois comme individus ; que font-ils, que deviennent ils? Efclaves d'un pouvoir arbitraire, ils font livrés fans défenfe à la merci de vingt-cinq Defpotes ; les Athéniens du moins en avoient trente. Et que dis-je vingt-cinq? Neuf fuffifent pour un jugement civil, treize pour un jugement criminel (o). Sept ou huit d'accord dans ce nombre vont être pour vous autant de Décemvirs ; encore les Décemvirs furent ils élus par le peuple ; au lieu qu'aucun de ces juges n'eft de votre choix ; & l'on appelle cela être libres!

____

(o) Edits civils Tit. I. Art. XXXVI.

HUITIEME LETTRE.

J'ai tiré, Monsieur, l'examen de votre Gouvernement préfent du Réglement de la Médiation par lequel ce Gouvernement eft fixé; mais loin d'imputer aux Médiateurs d'avoir voulu vous réduire en fervitude, je prouverois aifément au contraire, qu'ils ont rendu votre fituation meilleure à plufieurs égards qu'elle n'étoit avant les troubles qui vous forcerent d'accepter leurs bons offices. Ils ont trouvé une Ville en armes; tout étoit à leur arrivée dans un état de crife & de confufion qui ne leur permettoit pas de tirer de cet état la régle de leur ouvrage. Ils font remontés aux tems pacifiques, ils ont étudié la conftitution primitive de votre Gouvernement; dans les progrès qu'il avoit déja fait, pour

le remonter il eut fallu le refondre : la raison
l'équité ne permettoient pas qu'ils vous en
donnaſſent un autre, & vous ne l'auriez pas
accepté.   N'en pouvant donc ôter les défauts , ils ont borné leurs ſoins à l'affermir
tel que l'avoient laiſſé vos peres ; ils l'ont
corrigé même en divers points, & des abus
que je viens de remarquer , il n'y en a pas
un qui n'exiſtât dans la République longtems
avant que les Médiateurs en euſſent pris connoiſſance.   Le ſeul tort qu'ils ſemblent vous
avoir fait a été d'ôter au Légiſlateur tout exercice du pouvoir exécutif & l'uſage de la
force à l'apui de la juſtice ; mais en vous
donnant une reſſource auſſi ſûre & plus légitime, ils ont changé ce mal apparent en un
vrai bienfait : En ſe rendant garants de vos
droits ils vous ont diſpenſés de les défendre
vous-mêmes.   Eh ! dans la miſere des choſes

humaines quel bien vaut la peine d'être acheté du sang de nos freres? La liberté même est trop chere à ce prix.

Les Médiateurs ont pu se tromper, ils étoient hommes; mais ils n'ont point voulu vous tromper; ils ont voulu être justes. Cela se voit, même cela se prouve; & tout montre, en effet, que ce qui est équivoque ou défectueux dans leur ouvrage vient souvent de nécessité, quelquefois d'erreur, jamais de mauvaise volonté. Ils avoient à concilier des choses presque incompatibles, les droits du Peuple & les prétentions du Conseil, l'empire des Loix & la puissance des hommes, l'indépendance de l'Etat & la garantie du Réglement. Tout cela ne pouvoit se faire sans un peu de contradiction, & c'est de cette contradiction, que votre Magistrat tire avantage, en tournant tout en sa faveur, & faifant fervir la moitié de vos Loix à violer l'autre.

Il eft clair d'abord que le Réglement lui-même n'eft point une Loi que les Médiateurs ayent voulu impofer à la République, mais feulement un accord qu'ils ont établi entre fes membres, & qu'ils n'ont par conféquent porté nulle atteinte à fa fouveraineté. Cela eft clair, dis-je par l'Article XLIV, qui laiffe au Confeil général légitimement affemblé le droit de faire aux articles du Réglement tel change-ment qu'il lui plait. Ainfi les Médiateurs ne mettent point leur volonté au deffus de la fienne, ils n'interviennent qu'en cas de divifion. C'eft le fens de l'Article XV.

Mais de là réfulte auffi la nullité des réferves & limitations données dans l'Article III aux droits & attributions du Confeil général: car fi le Confeil général décide que ces réferves

&

& limitations ne borneront plus sa puissance, elles ne la borneront plus ; & quand tous
les membres d'un Etat souverain réglent son
pouvoir sur eux - mêmes , qui est - ce qui a
droit de s'y opposer ? Les exclusions qu'on
peut inférer de l'Article III ne signifient donc
autre chose , sinon que le Conseil général se
renferme dans leurs limites jusqu'à ce qu'il
trouve à propos de les passer.

C'est ici l'une des contradictions dont j'ai
parlé, & l'on en démêle aisément la cause. Il
étoit d'ailleurs bien difficile aux Plénipotentiaires pleins des maximes de Gouvernemens tout
différens, d'approfondir assez les vrais principes du vôtre. La Constitution démocratique a
jusqu'à présent été mal examinée. Tous ceux
qui en ont parlé, ou ne la connoissoient pas, ou
y prenoient trop peu d'intérêt , ou avoient intérêt de la présenter sous un faux jour. Aucun

Partie II.   F

d'eux n'a fuffifamment diftingué le Souverain du Gouvernement, la Puiffance légiflative de l'exécutive. Il n'y a point d'Etat où ces deux pouvoirs foient fi féparés, & où l'on ait tant affecté de les confondre. Les uns s'imaginent qu'une Démocratie eft un Gouvernement où tout le Peuple eft Magiftrat & Juge. D'autres ne voyent la liberté que dans le droit d'élire fes chefs, & n'étant foumis qu'à des Princes, croyent que celui qui commande eft toujours le Souverain. La Conftitution démocratique eft certainement le Chef-d'œuvre de l'art politique : mais plus l'artifice en eft admirable, moins il appartient à tous les yeux de le pénétrer. N'eft-il pas vrai, Monfieur, que la première précaution de n'admettre aucun Confeil général légitime que fous la convocation du petit Confeil, & la feconde précaution de n'y fouffrir aucune

propofition qu'avec l'approbation du petit
Confeil, fuffifoient feules pour maintenir le
Confeil général dans la plus entiere dépendance ? La troifieme précaution d'y régler la
compétence des matieres étoit donc la chofe
du monde la plus fuperflue ; & quel eut été
l'inconvénient de laiffer au Confeil général la
plénitude des droits fuprêmes, puifqu'il n'en
peut faire aucun ufage qu'autant que le petit
Confeil le lui permet ? En ne bornant pas les
droits de la Puiffance fouveraine on ne la rendoit pas dans le fait moins dépendante & l'on
évitoit une contradiction : ce qui prouve que
c'eft pour n'avoir pas bien connu votre Conftitution qu'on a pris des précautions vaines
en elles-mêmes & contradictoires dans leur
objet!

On dira que ces limitations avoient feulement pour fin de marquer les cas où les Con-

feils inférieurs feroient obligés d'affembler le Confeil général. J'entens bien cela; mais n'é-toit-il pas plus naturel & plus fimple de marquer les droits qui leur étoient attribués à eux-mêmes, & qu'ils pouvoient exercer fans le concours du Confeil général ? Les bornes étoient-elles moins fixées par ce qui eft au deçà que par ce qui eft au delà, & lorfque les Confeils inférieurs vouloient paffer ces bornes, n'eft-il pas clair qu'ils avoient befoin d'être autorifés ? Par là, je l'avoue, on mettoit plus en vue tant de pouvoirs réunis dans les mêmes mains, mais on préfentoit les objets dans leur jour véritable, on tiroit de la nature de la chofe le moyen de fixer les droits refpectifs des divers corps, & l'on fauvoit toute contradiction.

A la vérité l'Auteur des Lettres prétend que le petit Confeil étant le Gouvernement même doit exercer à ce titre toute l'autorité qui n'eſt pas attribuée aux autres corps de l'Etat ; mais c'eſt ſuppoſer la ſienne antérieure aux Edits ; c'eſt ſuppoſer que le petit Conſeil, ſource primitive de la puiſſance, garde ainſi tous les droits qu'il n'a pas aliénés. Reconnoiſſez-vous, Monſieur, dans ce principe celui de votre Conſtitution? Une preuve ſi curieuſe mérite de nous arrêter un moment.

Remarquez d'abord qu'il s'agit là (*p*) du pouvoir du petit Conſeil, mis en oppoſition avec celui des Syndics , c'eſt-à-dire, de chacun de ces deux pouvoirs ſéparé de l'autre. L'Edit parle du pouvoir des Syndics ſans le Conſeil , il ne parle point du pouvoir du Conſeil ſans les Syndics ; pourquoi cela? Parce que le Conſeil ſans les Syndics eſt le Gou-

____

(*p*) Lettres écrites de la Campagne page 66.

vernement. Donc le silence même des Edits
sur le pouvoir du Conseil loin de prouver la
nullité de ce pouvoir en prouve l'étendue.
Voila, sans doute, une conclusion bien neu-
ve. Admettons-la toutefois, pourvu que l'an-
técédent soit prouvé.

Si c'est parce que le petit Conseil est le
Gouvernement que les Edits ne parlent point
de son pouvoir , ils diront du moins que le
petit Conseil est le Gouvernement ; à moins
que de preuve en preuve leur silence n'éta-
blisse toujours le contraire de ce qu'ils ont dit.

Or je demande qu'on me montre dans vos
Edits où il est dit que le petit Conseil est le
Gouvernement, & en attendant je vais vous
montrer, moi, où il est dit tout le contraire.
Dans l'Edit politique de 1568, je trouve le
préambule conçu dans ces termes. *Pource que
la Gouvernement & Eftat de cette Ville confifte*

par quatre Syndicques, le Conseil des vingt-cinq,
le Conseil des soixante, des Deux-Cents, du Général, & un Lieutenant en la justice ordinaire, a-
vec autres Offices, selon que bonne police le re-
quiert, tant pour l'administration du bien public
que de la justice, nous avons recueilli l'ordre qui
jusqu'ici a été observé .... afin qu'il soit
gardé à l'avenir......... comme s'ensuit.

Dès l'article premier de l'Edit de 1738, je
vois encore que *cinq Ordres composent le Gouvernement de Genève.* Or de ces cinq Ordres
les quatre Syndics tout seuls en font un, le
Conseil des vingt-cinq, où sont certainement
compris les quatre Syndics en fait un autre,
& les Syndics entrent encore dans les trois
suivans. Le petit Conseil sans les Syndics
n'est donc pas le Gouvernement.

J'ouvre l'Edit de 1707, & j'y vois à l'Article V en propres termes, que *Messieurs les*

Syndics ont la direction & le Gouvernement de
l'Etat. A l'inftant je ferme le Livre, & je
dis; certainement felon les Edits le petit Confeil fans les Syndics n'eft pas le Gouvernement, quoique l'Auteur des Lettres affirme
qu'il l'eft.

On dira que moi-même j'attribue fouvent
dans ces Lettres le Gouvernement au petit
Confeil. J'en conviens; mais c'eft au petit
Confeil préfidé par les Syndics; & alors il
eft certain que le Gouvernement provifion-
nel y réfide dans le fens que je donne à ce
mot: mais ce fens n'eft pas celui de l'Auteur
des Lettres; puifque dans le mien le Gouvernement n'a que les pouvoirs qui lui font
donnés par la Loi, & que dans le fien, au
contraire, le Gouvernement a tous les pouvoirs que la Loi ne lui ôte pas.

Refte donc dans toute fa force l'objection

des Répréſentans, que, quand l'Edit parle des Syndics, il parle de leur puiſſance, & que, quand il parle du Conſeil, il ne parle que de ſon devoir. Je dis que cette objection reſte dans toute ſa force; car l'Auteur des Lettres n'y répond que par une aſſertion démentie par tous les Edits. Vous me ferez plaiſir, Monſieur, ſi je me trompe, de m'apprendre en quoi péche mon raiſonnement.

Cependant cet Auteur, très content du ſien, demande comment, *ſi le Légiſlateur n'avoit pas conſidéré de cet œil le petit Conſeil, on pourroit concevoir que dans aucun endroit de l'Edit il n'en réglât l'autorité; qu'il l'a ſuppoſât par tout & qu'il ne la déterminât nulle part* (q)?

J'oſerai tenter d'éclaircir ce profond myſ-

(q) Ibid. page 67.

tere. Le Légiſlateur ne regle point la puiſſance du Conſeil, parce qu'il ne lui en donne aucune indépendamment des Syndics, &
lorſqu'il la ſuppoſe, c'eſt en le ſuppoſant auſſi
préſidé par eux. Il a déterminé la leur, par
conſéquent il eſt ſuperflu de déterminer la
ſienne. Les Syndics ne peuvent pas tout ſans
le Conſeil, mais le Conſeil ne peut rien ſans
les Syndics; il n'eſt rien ſans eux, il eſt
moins que n'étoit le Deux-Cent même lorſqu'il fut préſidé par l'Auditeur Sarrazin.

Voila, je crois, la ſeule maniere raiſonnable d'expliquer le ſilence des Edits ſur le
pouvoir du Conſeil; mais ce n'eſt pas celle
qu'il convient aux Magiſtrats d'adopter. On
eut prévenu dans le réglement leurs ſingulie-
res interprétations ſi l'on eut pris une méthode contraire, & qu'au lieu de marquer les
droits du Conſeil général on eut déterminé les

teurs. Mais pour n'avoir pas voulu dire ce que n'ont pas dit les Edits, on a fait entendre ce qu'ils n'ont jamais supposé.

Que de choses contraires à la liberté publique & aux droits des Citoyens & Bourgeois, & combien n'en pourrois-je pas ajoûter encore? Cependant tous ces désavantages qui naissoient ou sembloient naitre de votre Constitution & qu'on n'auroit pu détruire sans l'ébranler, ont été balancés & réparés avec la plus grande sagesse par des compensations qui en naissoient aussi, & telle étoit précisément l'intention des Médiateurs, qui, selon leur propre déclaration, fut *de conserver à chacun ses droits ses attributions particulieres provenant de la Loi fondamentale de l'Etat.* M. Micheli Du Cret aigri par ses malheurs contre cet ouvrage dans lequel il fut oublié, l'accuse de renverser l'institution fondamentale du Gouvernement & de dépouiller les Citoyens & Bourgeois de leurs droits ; fans vouloir voir combien de ces droits, tant publics que particuliers, ont été confervés ou rétablis par cet Edit, dans les Articles III, IV, X, XI, XII, XXII, XXX, XXXI, XXXII, XXXIV, XLII, & XLIV; fans fonger furtout que la force de tous ces Articles dépend d'un feul qui vous a auffi été confervé. Article effenciel, Article équiponderant à tous ceux qui vous font contraires, & fi néceffaire à l'effet de ceux qui vous font favorables qu'ils feroient tous inutiles fi l'on venoit à bout d'éluder celui-là, ainfi qu'on l'a entrepris. Nous voici parvenus au point important; mais pour en bien fentir l'importance il falloit pefer tout ce que je viens d'expofer.

On a beau vouloir confondre l'indépendance & la liberté. Ces deux chofes font fi différentes que même elles s'excluent mutuellement.

ment. Quand chacun fait ce qu'il lui plait, on fait fouvent ce qui déplait à d'autres , & cela ne s'appelle pas un état libre.   La liberté confifte moins à faire fa volonté qu'à n'être pas foumis à celle d'autrui; elle confifte encore à ne pas foumettre la volonté d'autrui à la nôtre. Quiconque eft maître ne peut être libre, & régner c'eft obéir.   Vos Magiftrats favent cela mieux que perfonne, eux qui comme O-thon n'omettent rien de fervile pour commander (r). Je ne connois de volonté vraiment

---

(r) *En général*, dit l'Auteur des Lettres, *les hommes craignent encore plus d'obéir qu'ils n'aiment à commander.* Tacite en jugeoit autrement & connoiſſoit le cœur humain. Si la maxime étoit vraie, les Valets des Grands feroient moins infolens avec les Bourgeois, & l'on verroit moins de fainéans ramper dans les Cours des Princes. Il y a peu d'hommes d'un cœur affez fain pour favoir aimer la liberté : Tous veulent commander , à ce prix nul ne craint d'obéir. Un petit parvenu fe donne cent maîtres pour acquérir dix valets. Il n'y a qu'à voir

Partie II.   G

libre que celle à laquelle nul n'a droit d'oppofer de la réfiftance ; dans la liberté commune
nul n'a droit de faire ce que la liberté d'un autre lui interdit, & la vraie liberté n'eft jamais
deftructive d'elle-même. Ainfi la liberté fans
la juftice eft une véritable contradiction ; car
comme qu'on s'y prenne tout gene dans l'exécution d'une volonté défordonnée.

Il n'y a donc point de liberté fans Loix, ni
où quelqu'un eft au deffus des Loix: dans l'é-
tat même de nature l'homme n'eft libre qu'à la
faveur de la Loi naturelle qui commande à
tous. Un peuple libre obéit, mais il ne fert
pas ; il a des chefs & non pas des maîtres ; il

la fierté des nobles dans les Monarchies ; avec quelle emphafe ils prononcent ces mots de *fervice* & de
fervir ; combien ils s'eftiment grands & refpectables
quand ils peuvent avoir l'honneur de dire , *le Roi
mon maître* ; combien ils méprifent des Républicains
qui ne font que libres , & qui certainement font
plus nobles qu'eux.

obéit aux Loix, mais il n'obéit qu'aux Loix, & c'est par la force des Loix qu'il n'obéit pas aux hommes. Toutes les barrieres qu'on donne dans les Républiques au pouvoir des Magistrats ne sont établies que pour garantir de leurs atteintes l'enceinte sacrée des Loix : ils en sont les Ministres non les arbitres, ils doivent les garder non les enfreindre. Un Peuple est libre, quelque forme qu'ait son Gouvernement, quand dans celui qui le gouverne il ne voit point l'homme, mais l'organe de la Loi. En un mot, la liberté suit toujours le sort des Loix, elle regne ou périt avec elles; je ne sache rien de plus certain.

Vous avez des Loix bonnes & sages, soit en elles-mêmes, soit par cela seul que ce sont des Loix. Toute condition imposée à chacun par tous ne peut être onéreuse à personne, & la pire des Loix vaut encore mieux que le

meilleur maître; car tout maître a des préférences , & la Loi n'en a jamais.

Depuis que la Conſtitution de votre Etat
a pris une forme fixe & ſtable, vos fonctions de Légiſlateur ſont finies. La ſûreté de
l'édifice veut qu'on trouve à préſent autant
d'obſtacles pour y toucher qu'il falloit d'abord
de facilités pour le conſtruire. Le droit négatif des Conſeils pris en ce ſens eſt l'appui de
la République : l'Article VI du Réglement
eſt clair & précis; je me rends ſur ce point
aux raiſonnemens de l'Auteur des Lettres, je
les trouve ſans réplique, & quand ce droit ſi
juſtement réclamé par vos Magiſtrats ſeroit
contraire à vos intérêts, il faudroit ſouffrir &
vous taire. Des hommes droits ne doivent jamais fermer les yeux à l'évidence, ni diſputer
contre la vérité.

L'ouvrage eſt conſommé, il ne s'agit plus

que de le rendre inaltérable. Or l'ouvrage du Législateur ne s'altere & ne se détruit jamais que d'une maniere; c'est quand les dépositaires de cet ouvrage abusent de leur dépôt, & se font obéir au nom des Loix en leur désobéissant eux - mémes (s). Alors la pire chose nait de la meilleure, & la Loi qui sert de sauvegarde à la Tyrannie est plus funeste que la Tyrannie elle-même. Voila précisément ce

---

(s) Jamais le Peuple ne s'est rebellé contre les Loix que les Chèfs n'aient commencé par les enfreindre en quelque chose. C'est sur ce principe certain qu'à la Chine quand il y a quelque révolte dans une Province on commence toujours par punir le Gouverneur. En Europe les Rois suivent constamment la maxime contraire, aussi voyez comment prosperent leurs Etats! La population diminue par tout d'un dixieme tous les trente ans; elle ne diminue point à la Chine. Le Despotisme oriental se soutient parce qu'il est plus févere sur les Grands que sur le Peuple: il tire ainsi de lui-même son propre remede. J'entends dire qu'on commence à prendre à la Porte la maxime Chrétienne. Si cela est, on verra dans peu ce qu'il en résultera.

G 3

que prévient le droit de Réprésentation ſti-
pulé dans vos Edits & reſtraint mais confirmé par la Médiation. Ce droit vous donne
inſpection, non plus ſur la Légiſlation comme auparavant, mais ſur l'adminiſtration; &
vos Magiſtrats, tout puiſſans au nom des
Loix, ſeuls maîtres d'en propoſer au Légiſlateur de nouvelles, ſont ſoumis à ſes jugemens
s'ils s'écartent de celles qui ſont établies.
Par cet Article ſeul votre Gouvernement
ſujet d'ailleurs à pluſieurs défauts conſidéra-
bles, devient le meilleur qui jamais ait exiſ-
té: car quel meilleur Gouvernement que celui
dont toutes les parties ſe balancent dans un
parfait équilibre, où les particuliers ne peuvent
tranſgreſſer les Loix parce qu'ils ſont ſoumis
à des Juges, & où ces Juges ne peuvent pas
non plus les tranſgreſſer, parce qu'ils ſont ſur-
veillés par le Peuple ?

Il eſt vrai que pour trouver quelque réalité dans cet avantage, il ne faut pas le fonder ſur un vain droit: mais qui dit un droit ne dit pas une choſe vaine. Dire à celui qui a tranſgreſſé la Loi qu'il a tranſgreſſé la Loi, c'eſt prendre une peine bien ridicule ; c'eſt lui apprendre une choſe qu'il ſait auſſi bien que vous.

Le droit eſt, ſelon Puffendorf, une qualité morale par laquelle il nous eſt dû quelque choſe. La ſimple liberté de ſe plaindre n'eſt donc pas un droit, ou du moins c'eſt un droit que la nature accorde à tous & que la Loi d'aucun pays n'ôte à perſonne. S'aviſa-t-on jamais de ſtipuler dans des Loix que celui qui perdroit un procès auroit la liberté de ſe plaindre ? S'a-viſa t-on jamais de punir quelqu'un pour l'avoir fait ? Où eſt le Gouvernement, quelque abſolu qu'il puiſſe être, où tout Citoyen n'ait pas le droit de donner des mémoires au Prince ou à son Miniſtre ſur ce qu'il croit utile à l'Etat, & quelle riſée n'exciteroit pas un Edit public par lequel on accorderoit formellement aux ſujets le droit de donner de pareils mémoires? Ce n'eſt pourtant pas dans un Etat deſpotique, c'eſt dans une République, c'eſt dans une Démocratie, qu'on donne authentique-ment aux Citoyens, aux membres du Souverain, la permiſſion d'uſer auprès de leur Magiſtrat de ce même droit que nul Deſpote n'ôta jamais au dernier de ſes eſclaves.

Quoi! Ce droit de Répréſentation conſiſteroit uniquement à remettre un papier qu'on eſt même diſpenſé de lire, au moyen d'une réponſe ſéchement négative (t)? Ce droit ſi

____

(t) Telle, par exemple, que celle que fit le Conſeil le 10 Août 1763 aux Répréſentations remiſes le 8 à M. le premier Syndic par un grand nombre de Citoyens & Bourgeois.

solemnellement stipulé en compensation de
tant de sacrifices, se borneroit à la rare pré-
rogative de demander & ne rien obtenir?
Oser avancer une telle proposition, c'est ac-
cuser les Médiateurs d'avoir usé avec la Bourgeoisie de Genève de la plus indigne super-
cherie, c'est offenser la probité des Plénipotentiaires, l'équité des Puissances médiatrices;
c'est blesser toute bienséance, c'est outrager
même le bon sens.

Mais enfin quel est ce droit? jusqu'où s'é-
tend-il? comment peut-il être exercé? Pourquoi rien de tout cela n'est-il spécifié dans
l'Article VII ? Voila des questions raisonna-
bles; elles offrent des difficultés qui méritent
examen.

La solution d'une seule nous donnera celle de toutes les autres, & nous dévoilera le
véritable esprit de cette institution.

Dans un Etat tel que le vôtre, où la souveraineté eſt entre les mains du Peuple, le Légiſlateur exiſte toujours, quoiqu'il ne ſe montre pas toujours. Il n'eſt raſſemblé & ne parle authentiquement que dans le Conſeil général; mais hors du Conſeil général il n'eſt pas anéanti; ſes membres ſont épars, mais ils ne ſont pas morts; ils ne peuvent parler par des Loix, mais ils peuvent toujours veiller ſur l'adminiſtration des Loix; c'eſt un droit, c'eſt même un devoir attaché à leurs perſonnes, & qui ne peut leur être ôté dans aucun tems. De-là le droit de Répréſentation. Ainſi la Répréſentation d'un Citoyen d'un Bourgeois ou de pluſieurs n'eſt que la déclaration de leur avis ſur une matiere de leur compétence. Ceci eſt le ſens clair & néceſſaire de l'Edit de 1707, dans l'Article V qui concerne les Répréſentations.

Dans cet Article on profcrit avec raifon la voye des fignatures, parce que cette vo-ye eft une maniere de donner fon fuffrage, de voter par tête comme fi déja l'on étoit en Confeil général, & que la forme du Confeil général ne doit être fuivie que lorfqu'il eft lé-gitimement affemblé. La voye des Répréfen-tations a le même avantage, fans avoir le même inconvénient. Ce n'eft pas voter en Confeil général, c'eft opiner fur les matieres qui doivent y être portées ; puifqu'on ne compte pas les voix ce n'eft pas donner fon fuffrage, c'eft feulement dire fon avis. Cet avis n'eft, à la vérité, que celui d'un parti-culier ou de plufieurs ; mais ces particuliers étant membres du Souverain & pouvant le répréfenter quelquefois par leur multitude, la raifon veut qu'alors on ait égard à leur avis, non comme à une décifion, mais comme à une propofition qui la demande , & qui la rend quelquefois néceffaire.

Ces Répréfentations peuvent rouler fur deux objets principaux , & la différence de ces objets décide de la diverfe maniere dont le Confeil doit faire droit fur ces mêmes Répréfentations. De ces deux objets , l'un eft de faire quelque changement à la Loi, l'autre de réparer quelque tranfgreffion de la Loi. Cette divifion eft complette & comprend toute la matiere fur laquelle peuvent rouler les Répréfentations. Elle eft fondée fur l'Edit même qui , diftingant les termes felon ces objets impofe au Procureur général de faire des *inftances* ou des *remontrances* felon que les Citoyens lui ont fait des *plaintes* ou des *réquifitions* (*u*).

Cette

(*u*) *Réquérir* n'eft pas feulement demander , mais

Cette distinction une fois établie, le Conseil auquel ces Réprésentations sont adressées doit les envisager bien différemment selon celui de ces deux objets auquel elles se rapportent. Dans les Etats où le Gouvernement & les Loix ont déja leur assiete, on doit autant qu'il se péut éviter d'y toucher, & surtout dans les petites Républiques, où le moindre ébranlement désunit tout. L'aversion des nouveautés est donc généralement bien fondée; elle l'est surtout pour vous qui

---

demander en vertu d'un droit qu'on a d'obtenir. Cette acception est établie par toutes les formules judiciaires dans lesquelles ce terme de Palais est employé. On dit *réquérir justice*; on n'a jamais dit *réquérir grace*. Ainsi dans les deux cas les Citoyens avoient également droit d'exiger que leurs *réquisitions* ou leurs *plaintes*, rejettées par les Conseils inférieurs, fussent portées en Conseil général. Mais par le mot ajoûté dans l'Article VI. de l'Edit de 1738, ce droit est restraint seulement au cas de la plainte, comme il sera dit dans le texte.

Partie II.   H

ne pouvez qu'y perdre, & le Gouvernement ne peut apporter un trop grand obftacle à leur établiffement; car quelques utiles que fuffent des Loix nouvelles, les avantages en font prefque toujours moins fûrs que les dangers n'en font grands. A cet égard quand le Citoyen quand le Bourgeois a propofé fon avis il a fait fon devoir, il doit au furplus avoir affez de confiance en fon Magiftrat pour le juger capable de pefer l'avantage de ce qu'il lui propofe & porté à l'approuver s'il le croit utile au bien public. La Loi a donc très fagement pourvu à ce que l'établiffement & même la propofition de pareilles nouveautés ne paffât pas fans l'aveu des Confeils, & voila en quoi doit confifter le droit négatif qu'ils réclament, & qui, felon moi, leur appartient inconteftablement.

Mais le fecond objet ayant un principe tout

oppofé doit être envifagé bien différemment.
Il ne s'agit pas ici d'innover ; il s'agit, au contraire, d'empêcher qu'on n'innove ; il s'agit
non d'établir de nouvelles Loix, mais de maintenir les anciennes. Quand les chofes tendent
au changement par leur pente, il faut fans ceffe de nouveaux foins pour les arrêter. Voila
ce que les Citoyens & Bourgeois, qui ont un
fi grand intérêt à prévenir tout changement,
fe propofent dans les plaintes dont parle l'E-
dit. Le Légiflateur exiftant toujours voit l'effet ou l'abus de fes Loix : il voit fi elles font
fuivies ou tranfgreffées, interprétées de bonne
ou de mauvaife foi ; il y veille, il y doit veiller ; cela eft de fon droit, de fon devoir, même de fon ferment. C'eft ce devoir qu'il remplit dans les Répréfentations, c'eft ce droit,
alors, qu'il exerce ; & il feroit contre toute
raifon, il feroit même indécent, de vouloir

étendre le droit négatif du Conseil à cet ob-
jet-là.

Cela seroit contre toute raison quant au Législateur; parce qu'alors toute la solemnité des
Loix seroit vaine & ridicule, & que réellement
l'Etat n'auroit point d'autre Loi que la volonté du petit Conseil, maître absolu de négliger,
méprifer, violer, tourner à sa mode les regles
qui lui seroient prescrites, & de prononcer *noir*
où la Loi diroit *blanc*, sans en répondre à personne. A quoi bon s'affembler solemnellement
dans le Temple de Saint Pierre, pour donner
aux Edits une fanction sans effet; pour dire au
petit Conseil: *Messieurs, voila le Corps de Loix
que nous établiffons dans l'Etat, & dont nous
vous rendons les dépositaires, pour vous y confor-
mer quand vous le jugerez à propos, & pour le
transgresser quand il vous plaira.*

Cela seroit contre la raison quant aux Répréfentations. Parce qu'alors le droit ftipulé par un Article exprès de l'Edit de 1707 & confirmé par un Article exprès de l'Edit de 1738 feroit un droit illufoire & fallacieux; qui ne fignifieroit que la liberté de fe plaindre inutilement quand on eft véxé; liberté qui, n'ayant jamais été difputée à perfonne, eft ridicule à établir par la Loi.

Enfin cela feroit indécent en ce que par une telle fuppofition la probité des Médiateurs feroit outragée, que ce feroit prendre vos Ma-giftrats pour des fourbes & vos Bourgeois pour des dupes d'avoir négocié traité tranfigé avec tant d'appareil pour mettre une des Par-ties à l'entiere difcrétion de l'autre, & d'avoir compenfé les conceffions les plus fortes par des fûretés qui ne fignifieroient rien.

Mais, difent ces Meffieurs, les termes de l'Edit font formels : *Il ne fera rien porté au*

*Conseil général qu'il n'ait été traité & approuvé,
d'abord dans le Conseil des Vingt-cinq, puis dans
celui des Deux-Cents.*

Premiérement qu'est-ce que cela prouve autre chose dans la question présente, si ce n'est
une marche réglée & conforme à l'Ordre, &
l'obligation dans les Conseils inférieurs de traiter & approuver préalablement ce qui doit
être porté au Conseil général ? Les Conseils
ne font-ils pas tenus d'approuver ce qui est
prescrit par la Loi ? Quoi ! si les Conseils n'ap-
prouvoient pas qu'on procédât à l'élection des
Syndics, n'y devroit-on plus procéder, & si
les sujets qu'ils proposent font rejettés, ne
font-ils pas contraints d'approuver qu'il en soit
proposé d'autres ?

D'ailleurs, qui ne voit que ce droit d'approuver & de rejetter, pris dans son sens
absolu s'applique seulement aux propositions

qui renferment des nouveautés, & non à celles
qui n'ont pour objet que le maintien de ce
qui eft établi? Trouvez-vous du bon fens à
fuppofer qu'il faille une approbation nouvelle
pour réparer les tranfgreffions d'une ancienne
Loi? Dans l'approbation donnée à cette Loi
lorfqu'elle fut promulguée font contenues toutes celles qui fe rapportent à fon exécution:
Quand les Confeils approuverent que cette Loi
feroit établie, ils approuverent qu'elle feroit
obfervée, par conféquent qu'on en puniroit
les tranfgreffeurs; & quand les Bourgeois dans
leurs plaintes fe bornent à demander réparation fans punition, l'on veut qu'une telle propofition ait de nouveau befoin d'être approu-
vée? Monfieur, fi ce n'eft pas là fe moquer
des gens, dites-moi comment on peut s'en
moquer?

Toute la difficulté confifte donc ici dans la

feule queſtion de fait. La Loi a-t-elle été
tranſgreſſée, ou ne l'a-t-elle pas été ? Les Citoyens & Bourgeois diſent qu'elle l'a été; les
Magiſtrats le nient. Or voyez, je vous prie,
ſi l'on peut rien concevoir de moins raiſonnable en pareil cas que ce droit négatif qu'ils
s'attribuent ? On leur dit, vous avez tranſgreſſé la Loi. Ils répondent; nous ne l'avons
pas tranſgreſſée; &, devenus ainſi juges ſuprêmes dans leur propre cauſe, les voila juſtifiés
contre l'évidence par leur ſeule affirmation.

Vous me demanderez ſi je prétends que
l'affirmation contraire ſoit toujours l'évidence ?
Je ne dis pas cela ; je dis que quand elle le
ſeroit vos Magiſtrats ne s'en tiendroient pas
moins contre l'évidence à leur prétendu droit
négatif. Le cas eſt actuellement ſous vos
yeux; & pour qui doit être ici le préjugé le
plus légitime ? Eſt-il croyable, eſt-il naturel

que des particuliers fans pouvoir fans autorité viennent dire à leurs Magiſtrats qui peuvent être demain leurs Juges ; *vous avez fait une injuſtice*, lorſque cela n'eſt pas vrai ? Que peuvent eſpérer ces particuliers d'une démarche auſſi folle, quand même ils feroient ſûrs de l'impunité ? Peuvent - ils penſer que des Magiſtrats ſi hautains juſques dans leurs torts, iront convenir ſottement des torts mêmes qu'ils n'auroient pas ? Au contraire, y a-t-il rien de plus naturel que de nier les fautes qu'on a faites ? N'a-t-on pas intérêt de les ſoutenir, & n'eſt-on pas toujours tenté de le faire lorſqu'on le peut impunément & qu'on a la force en main ? Quand le foible & le fort ont enſemble quelque diſpute, ce qui n'arrive gueres qu'au détriment du premier, le ſentiment par cela ſeul le plus probable eſt toujours que c'eſt le plus fort qui a tort.

H 5

Les probabilités, je le sais, ne sont pas des preuves : Mais dans des faits notoires comparés aux Loix, lorsque nombre de Citoyens affirment qu'il y a injustice, & que le Magistrat accusé de cette injustice affirme qu'il n'y en a pas, qui peut être juge, si ce n'est le public instruit, & où trouver ce public instruit à Genève si ce n'est dans le Conseil général composé des deux partis ?

Il n'y a point d'Etat au monde où le sujet lézé par un Magistrat injuste ne puisse par quelque voye porter sa plainte au Souverain, & la crainte que cette ressource inspire est un frein qui contient beaucoup d'iniquités. En France même, où l'attachement des Parlemens aux Loix est extrême, la voye judiciaire est ouverte contre eux en plusieurs cas par des requêtes en cassation d'Arrêt. Les Génevois sont privés d'un pareil

avantage; la Partie condannée par les Confeils ne peut plus, en quelque cas que ce
puiffe être, avoir aucun recours au Souverain: mais ce qu'un particulier ne peut faire
pour fon intérêt privé, tous peuvent le faire pour l'intérêt commun: car toute tranfgreffion des Loix étant une atteinte portée à
la liberté devient une affaire publique, &
quand la voix publique s'éleve, la plainte doit
être portée au Souverain. Il n'y auroit fans
cela ni Parlement ni Sénat ni Tribunal fur la
terre qui ne fut armé du funefte pouvoir
qu'ofe ufurper votre Magiftrat; il n'y auroit
point dans aucun Etat de fort auffi dur que
le vôtre. Vous m'avoüerez que ce feroit là
une étrange liberté!

Le droit de Répréfentation eft intimement
lié à votre conftitution: il eft le feul moyen
poffible d'unir la liberté à la fubordination,

& de maintenir le Magiſtrat dans la dépendance des Loix ſans altérer ſon autorité ſur le peuple. Si les plaintes ſont clairement fondées, ſi
les raiſons ſont palpables, on doit préſumer
le Conſeil aſſez équitable pour y déférer. S'il
ne l'étoit pas, ou que les griefs n'euſſent pas
ce dégré d'évidence qui les met au deſſus du
doute, le cas changeroit, & ce ſeroit alors à
la volonté générale de décider; car dans votre Etat cette volonté eſt le Juge ſuprême &
l'unique Souverain. Or comme dès le commencement de la République cette volonté a-
voit toujours des moyens de ſe faire entendre
& que ces moyens tenoient à votre Conſtitution, il s'enſuit que l'Edit de 1707 fondé
d'ailleurs ſur un droit immémorial & ſur l'uſage conſtant de ce droit, n'avoit pas beſoin de
plus grande explication.

Les Médiateurs ayant eu pour maxime fondamentale de s'écarter des anciens Edits le moins qu'il étoit poffible, ont laiffé cet Article tel qu'il étoit auparavant, & même y ont renvoyé. Ainfi par le Réglement de la Médiation votre droit fur ce point eft demeuré parfaitement le même, puifque l'Article qui le pofe eft rappellé tout entier.

Mais les Médiateurs n'ont pas vu que les changemens qu'ils étoient forcés de faire à d'autres Articles les obligeoient, pour être conféquens, d'éclaircir celui-ci, & d'y ajouter de nouvelles explications que leur travail rendoit néceffaires. L'effet des Répréfentations des particuliers négligées eft de devenir enfin la voix du public & d'obvier ainfi au déni de juftice. Cette transformation étoit alors légitime & conforme à la Loi fondamentale, qui, par tout pays arme en dernier reffort le Souverain de la force publique pour l'exécution de fes volontés.

Les Médiateurs n'ont pas supposé ce déni de justice. L'événement prouve qu'ils l'ont du supposer. Pour assurer la tranquillité publique ils ont jugé à propos de séparer du Droit la puissance , & de supprimer même les assem-blées & députations pacifiques de la bourgeoi-sie ; mais puisqu'ils lui ont d'ailleurs confirmé son droit , ils devoient lui fournir dans la forme de l'institution d'autres moyens de le faire valoir , à la place de ceux qu'ils lui ôtoient ; ils ne l'ont pas fait. Leur ouvrage à cet égard est donc resté défectueux ; car le droit étant demeuré le même , doit toujours avoir les mêmes effets.

Aussi voyez avec quel art vos Magistrats se prévalent de l'oubli des Médiateurs ! En quel-que nombre que vous puissiez être ils ne vo-yent plus en vous que des particuliers , & depuis qu'il vous a été interdit de vous montrer en corps ils regardent ce corps comme anéanti : il ne l'est pas toutefois, puisqu'il conserve tous ses droits, tous ses privileges, & qu'il fait toujours la principale partie de l'Etat & du Législateur. Ils partent de cette supposition fausse pour vous faire mille difficultés chimériques sur l'autorité qui peut les obliger d'assembler le Conseil général. Il n'y a point d'autorité qui le puisse hors celle des Loix, quand ils les observent : mais l'autorité de la Loi qu'ils transgressent retourne au Législateur; & n'osant nier tout-à-fait qu'en pareil cas cette autorité ne soit dans le plus grand nombre, ils rassemblent leurs objections sur les moyens de le constater. Ces moyens seront toujours faciles sitôt qu'ils seront permis, & ils seront sans inconvénient, puisqu'il est aisé d'en prévenir les abus.

Il ne s'agissoit là ni de tumultes ni de

violence: il ne s'agiſſoit point de ces reſſour-
ces quelquefois néceſſaires mais toujours terribles, qu'on vous a très ſagement interdi-
tes ; non que vous en ayez jamais abuſé,
puiſqu'au contraire vous n'en uſâtes jamais
qu'à la derniere extrémité, ſeulement pour
votre défenſe, & toujours avec une modération qui peut-être eut dû vous conſerver le
droit des armes, ſi quelque peuple eut pû
l'avoir ſans danger. Toutefois je bénirai le
Ciel, quoi qu'il arrive, de ce qu'on n'en verra plus l'affreux appareil au milieu de vous.
Tout eſt permis dans les maux extrêmes, dit
pluſieurs fois l'Auteur des Lettres. Cela fut-
il vrai tout ne ſeroit pas expédient. Quand
l'excès de la Tyrannie met celui qui la ſouf-
fre au deſſus des Loix, encore faut-il que
ce qu'il tente pour la détruire lui laiſſe quelque eſpoir d'y réuſſir. Voudroit-on vous réduire

duire à cette extrêmité ? je ne puis le croire, & quand vous y seriez, je pense encore
moins qu'aucune voye de fait put jamais
vous en tirer. Dans votre position toute fausse démarche est fatale, tout ce qui vous in-
duit à la faire est un piege, & fussiez-vous
un instant les maîtres, en moins de quinze
jours vous seriez écrasés pour jamais. Quoique fassent vos Magistrats, quoique dise l'Auteur des Lettres, les moyens violens ne con-
viennent point à la cause juste : sans croire
qu'on veuille vous forcer à les prendre, je
crois qu'on vous les verroit prendre avec
plaisir ; & je crois qu'on ne doit pas vous
faire envisager comme une ressource ce qui
ne peut que vous ôter toutes les autres. La
justice & les Loix sont pour vous ; ces appuis, je le sais, sont bien foibles contre le
crédit & l'intrigue ; mais ils sont les seuls

Partie II. I

qui vous reſtent: tenez-vous-y juſqu'à la fin.

Eh! comment approuverois-je qu'on voulut troubler la paix civile pour quelque intérêt que ce fut, moi qui lui ſacrifiai le plus cher de tous les miens? Vous le ſavez, Monſieur, j'étois déſiré, ſollicité; je n'avois qu'à paroître; mes droits étoient ſoutenus, peut-être mes affronts réparés. Ma préſence eut du moins intrigué mes perſécuteurs, & j'étois dans une de ces poſitions enviées, dont quiconque aime à faire un rolle ſe prévaut toujours avidement. J'ai préféré l'exil perpétuel de ma patrie; j'ai renoncé à tout, même à l'eſpérance, plutôt que d'expoſer la tranquillité publique : j'ai mérité d'être cru ſincere, lorſque je parle en ſa faveur.

Mais pourquoi ſupprimer des aſſemblées paiſibles & purement civiles, qui ne pouvoient avoir qu'un objet légitime, puiſqu'elles reſtoient toujours dans la ſubordination due au Magiſtrat ? Pourquoi , laiſſant à la Bourgeoiſie le droit de faire des Répréſentations , ne les lui pas laiſſer faire avec l'ordre & l'authenticité convenables ? Pourquoi lui ôter les moyens d'en délibérer entre elle , & , pour éviter des aſſemblées trop nombreuſes , au moins par ſes députés ? Peut-on rien imaginer de mieux réglé , de plus décent , de plus convenable que les aſſemblées par compagnies & la forme de traiter qu'a ſuivi la Bourgeoiſie pendant qu'elle a été la maîtreſſe de l'Etat ? N'eſt-il pas d'une police mieux entendue de voir monter à l'Hôtel-de-Ville une trentaine de députés au nom de tous leurs Concitoyens, que de voir toute une Bourgeoiſie y monter en foule ; chacun ayant ſa déclaration à faire , & nul ne pouvant parler que pour ſoi ? Vous avez vu, Monſieur , les Répréſentans en grand nombre, forcés de se diviser par pelotons pour ne pas faire tumulte & cohue, venir séparément par bandes de trente ou quarante, & mettre dans leur démarche encore plus de bienséance & de modestie qu'il ne leur en étoit prescrit par la Loi. Mais tel est l'esprit de la Bourgeoisie de Genève ; toujours plutôt en deçà qu'en delà de ses droits, elle est ferme quelquefois, elle n'est jamais féditieuse. Toujours la Loi dans le cœur, toujours le respect du Magistrat sous les yeux, dans le tems même où la plus vive indignation devoit animer sa colere, & où rien ne l'empêchoit de la contenter, elle ne s'y livra jamais. Elle fut juste étant la plus forte ; même elle fut pardonner. En eut-on pu dire autant de ses oppresseurs ? On sait le sort qu'ils lui firent éprouver autrefois ; on sait celui qu'ils lui préparoient encore.

Tels sont les hommes vraiment dignes de

la liberté parce qu'ils n'en abufent jamais ,
qu'on charge pourtant de liens & d'entraves
comme la plus vile populace.   Tels font les
Citoyens , les membres du Souverain qu'on
traite en fujets, & plus mal que des fujets
mêmes ; puifque dans les Gouvernemens les
plus abfolus on permet des affemblées de
communautés qui ne font préfidées d'aucun
Magiftrat.

Jamais, comme qu'on s'y prenne , des réglemens contradictoires ne pourront être ob-
fervés à la fois.   On permet on autorife le
droit de Répréfentation, & l'on reproche aux
Répréfentans de manquer de confiftence en les
empêchant d'en avoir. Cela n'eft pas jufte, &
quand on vous met hors d'état de faire en
corps vos démarches, il ne faut pas vous ob-
jecter que vous n'êtes que des particuliers.
Comment ne voit-on point que fi le poids

des Répréfentations dépend du nombre des Répréfentans, quand elles font générales il eft impoffible de les faire un à un ; & quel ne feroit pas l'embarras du Magiftrat s'il avoit à lire fucceffivement les Mémoires ou à écouter les difcours d'un millier d'hommes, comme il y eft obligé par la Loi ?

Voici donc la facile folution de cette grande difficulté que l'Auteur des Lettres fait valoir comme infoluble (x). Que lorfque le Magiftrat n'aura eu nul égard aux plaintes des particuliers portées en Répréfentations, il permette l'affemblée des Compagnies bourgeoifes ; qu'il la permette féparément en des lieux en des tems différens ; que celles de ces Compagnies qui voudront à la pluralité des fuffrages appuyer les Répréfentations le faffent par leurs Députés. Qu'alors le nombre des Dépu-

---

(x) Page 83.

tés réprésentans se compte; leur nombre total est fixé ; on verra bientôt si leurs vœux sont ou ne sont pas ceux de l'Etat.

Ceci ne signifie pas, prenez-y bien garde, que ces assemblées partielles puissent avoir aucune autorité, si ce n'est de faire entendre leur sentiment sur la matiere des Réprésentations. Elles n'auront, comme assemblées autorisées pour ce seul cas, nul autre droit que celui des particuliers ; leur objet n'est pas de changer la Loi mais de juger si elle est suivie, ni de redresser des griefs mais de montrer le besoin d'y pourvoir: leur avis, fut-il unanime, ne sera jamais qu'une Réprésentation. On saura seulement par là si cette Réprésentation mérite qu'on y défere, soit pour assembler le Conseil général si les Magistrats l'approuvent, soit pour s'en dispenser s'ils l'aiment mieux, en faisant droit par eux-mêmes sur les justes plaintes des Citoyens & Bourgeois.

Cette voye est simple, naturelle, sûre, elle est sans inconvénient. Ce n'est pas même une Loi nouvelle à faire, c'est seulement un Article à révoquer pour ce seul cas. Cependant si elle effraye encore trop vos Magistrats, il en reste une autre non moins facile, & qui n'est pas plus nouvelle : c'est de rétablir les Conseils généraux périodiques, & d'en borner l'objet aux plaintes mises en Représentations durant l'Intervalle écoulé de l'un à l'autre, sans qu'il soit permis d'y porter aucune autre question. Ces assemblées, qui par une distinction très importante (y) n'auroient pas l'autorité du Souverain mais du Magistrat suprême, loin de pouvoir rien innover ne pourroient qu'empêcher toute innovation de

____

(y) Voyez le Contract Social. L. III. Chap. 17.

la part des Conſeils, & remettre toutes choſes dans l'ordre de la Légiſlation, dont le
Corps dépoſitaire de la force publique peut
maintenant s'écarter ſans gêne autant qu'il lui
plait. En ſorte que, pour faire tomber ces
aſſemblées d'elles mêmes, les Magiſtrats n'auroient qu'à ſuivre exactement les Loix : car la
convocation d'un Conſeil général ſeroit inutile
& ridicule lorſqu'on n'auroit rien à y porter;
& il y a grande apparence que c'eſt ainſi que
ſe perdit l'uſage des Conſeils généraux périodiques au ſeizieme ſiécle, comme il a été dit
ci-devant.

Ce fut dans la vue que je viens d'expoſer
qu'on les rétablit en 1707, & cette vieille
queſtion renouvellée aujourd'hui fut décidée
alors par le fait même de trois Conſeils généraux conſécutifs, au dernier deſquels paſſa
l'Article concernant le droit de Répréſenta-

tion. Ce droit n'étoit pas contesté mais éludé, les Magistrats n'osoient disconvenir que lorsqu'ils refusoient de satisfaire aux plaintes de la Bourgeoisie la question ne dut être portée en Conseil général ; mais comme il appartient à eux seuls de le convoquer , ils prétendoient sous ce prétexte pouvoir en différer la tenue à leur volonté, & comptoient lasser à force de délais la constance de la Bourgeoisie. Toutefois son droit fut enfin si bien reconnu qu'on fit dès le 9 Avril convoquer l'assemblée générale pour le 5 de Mai, *afin*, dit le Placard, *de lever par ce moyen les insinuations qui ont été répandues que la convocation en pourroit être éludée & renvoyée encore loin.*

Et qu'on ne dise pas que cette convocation fut forcée par quelque acte de violence ou par quelque tumulte tendant à sédition, puisque tout se traitoit alors par députation, comme le

Conseil l'avoit defiré, & que jamais les Citoyens & Bourgeois ne furent plus paifibles
dans leurs affemblées, évitant de les faire trop
nombreufes & de leur donner un air impo-
fant. Ils pousserent même fi loin la décence &, j'ofe dire, la dignité, que ceux d'entre
eux qui portoient habituellement l'épée la po-
ferent toujours pour y afifter (z). Ce ne fut
qu'après que tout fut fait, c'eft-à-dire à la fin
du troifieme Confeil général, qu'il y eut un cri
d'armes caufé par la faute du Confeil, qui eut
l'imprudence d'envoyer trois Compagnies de la
garnifon la bayonnete au bout du fufil, pour

(z) Ils eurent la même attention en 1734 dans
leurs Répréfentations du 4 Mars, appuyées de mille ou douze cents Citoyens ou Bourgeois en per-
fonnes, dont pas un feul n'avoit l'épée au côté.
Ces foins, qui paroitroient minutieux dans tout autre Etat, ne le font pas dans une Démocratie, &
caractérifent peut-être mieux un peuple que des traits
plus éclatans.

forcer deux ou trois cens Citoyens encore af-
semblés à Saint Pierre.

Ces Conseils périodiques rétablis en 1707.
furent révoqués cinq ans après; mais par quels
moyens & dans quelles circonstances ? Un
court examen de cet Edit de 1712 nous
fera juger de sa validité.

Premiérement le Peuple effrayé par les exécutions & proscriptions récentes n'avoit ni liberté ni sûreté ; il ne pouvoit plus compter
sur rien après la frauduleuse amnistie qu'on
employa pour le surprendre. Il croyoit à chaque instant revoir à ses portes les Suisses qui
servirent d'archers à ces sanglantes exécutions.
Mal revenu d'un effroi que le début de l'Edit
étoit très propre à réveiller, il eut tout accor-
dé par la seule crainte; il sentoit bien qu'on
ne l'assembloit pas pour donner la Loi mais
pour la recevoir.

Les motifs de cette révocation, fondés sur

les dangers des Conseils généraux périodiques, sont d'une absurdité palpable à qui connoit le moins du monde l'esprit de votre Constitution & celui de votre Bourgeoisie. On allègue les tems de peste de famine & de guerre, comme si la famine ou la guerre étoient un obstacle à la tenue d'un Conseil, & quant à la peste, vous m'avouerez que c'est prendre ses précautions de loin. On s'effraye de l'ennemi, des mal-intentionnés, des cabales; jamais on ne vit des gens si timides ; l'expérience du passé devoit les rassurer : Les fréquens Conseils généraux ont été dans les tems les plus orageux le salut de la République, comme il sera montré ci-après, & jamais on n'y a pris que des résolutions sages & courageuses. On soutient ces assemblées contraires à la Constitution, dont elles sont le plus ferme appui ; on les dit contraires aux Edits, & elles sont établies par

les Edits ; on les accuse de nouveauté, & elles
font auffi anciennes que la Légiflation. Il n'y
a pas une ligne dans ce préambule qui ne foit
une fauffeté ou une extravagance, & c'eft fur
ce bel expofé que la révocation paffe, fans
programme antérieur qui ait inftruit les membres de l'affemblée de la propofition qu'on
leur vouloit faire, fans leur donner le loifir
d'en délibérer entre eux, même d'y penfer,
& dans un tems où la Bourgeoifie mal inf-
truite de l'hiftoire de fon Gouvernement s'en
laiffoit aifément impofer par le Magiftrat.

Mais un moyen de nullité plus grave encore eft la violation de l'Edit dans fa partie
à cet égard la plus importante, favoir la maniere de déchiffrer les billets ou de compter
les voix ; car dans l'Article 4 de l'Edit de
1707 il eft dit qu'on établira quatre Sécré-
taires *ad actum* pour recueillir les fuffrages,

deux des Deux-Cents & deux du Peuple, lefquels feront choifis fur le champ par M. le
premier Syndic & prêteront ferment dans le
Temple.   Et toutefois dans le Confeil général de 1712, fans aucun égard à l'Edit précédent on fait recueillir les fuffrages par les
deux Secrétaires d'Etat.   Quelle fut donc la
raifon de ce changement, & pourquoi cette
manœuvre illégale dans un point fi capital,
comme fi l'on eût voulu tranfgreffer à plaifir
la Loi qui venoit d'être faite? On commence
par violer dans un article l'Edit qu'on veut
annuler dans un autre! Cette marche eft-elle
réguliere? fi comme porte cet Edit de révocation l'avis du Confeil fut approuvé *prefque
unanimement* (aa), pourquoi donc la furprife
& la confternation que marquoient les Cito-

____

(aa) Par la maniere dont il m'eft rapporté qu'on
s'y prit, cette unanimité n'étoit pas difficile à obte-

yens en fortant du Conseil, tandis qu'on vo-
yoit un air de triomphe & de fatisfaction fur
les vifages des Magiftrats (*bb*)? Ces différentes

---

nir, & il ne tint qu'à ces Meffieurs de la rendre
complette.

Avant l'affemblée, le Sécrétaire d'Etat Meftrezat
dit : *Laiffez les venir ; je les tiens.* Il employa, dit-
on, pour cette fin les deux mots *Approbation*, & *Rejection*, qui depuis font demeurés en ufage dans les
billets : en forte que quelque parti qu'on prit tout
revenoit au même. Car fi l'on choififfoit *Approbation*
l'on approuvoit l'avis des Conseils, qui rejettoit
l'affemblée périodique ; & fi l'on prenoit *Réjection*
l'on rejettoit l'affemblée périodique. Je n'invente
pas ce fait, & je ne le rapporte pas fans autorité ;
je prie le lecteur de le croire ; mais je dois à la vérité de dire qu'il ne me vient pas de Genève, & à
la juftice d'ajouter que je ne le crois pas vrai : je
fais feulement que l'équivoque de ces deux mots a-
bufa bien des votans fur celui qu'ils devoient choifir pour exprimer leur intention, & j'avoue encore
que je ne puis imaginer aucun motif honnête ni aucune excufe légitime à la tranfgreffion de la loi dans
le recueillement des fuffrages. Rien ne prouve
mieux la terreur dont le Peuple étoit faifi que le filence avec lequel il laiffa paffer cette irrégularité.

(*bb*) Ils difoient entre eux en fortant, & bien

tes contenances font-elles naturelles à gens qui viennent d'être unanimement du même avis?

Ainfi donc pour arracher cet Edit de révocation l'on ufa de terreur, de furprife, vraifemblablement de fraude, & tout au moins on viola certainement la Loi. Qu'on juge fi ces caracteres font compatibles avec ceux d'une Loi facrée, comme on affecte de l'appeller?

Mais fuppofons que cette révocation foit légitime & qu'on n'en ait pas enfreint les conditions (cc), quel autre effet peut-on lui

---

d'autres l'entendirent; *nous venons de faire une grande journée.* Le lendemain nombre de Citoyens furent fe plaindre qu'on les avoit trompés, & qu'ils n'avoient point entendu rejetter les affemblées générales, mais l'avis des Confeils. On fe moqua d'eux.

(cc) Ces conditions portent qu'*aucun changement à l'Edit n'aura force qu'il n'ait été approuvé dans ce fouverain Confeil.* Refte donc à favoir fi les infractions de l'Edit ne font pas des changemens à l'Edit?

Partie II.   K

donner, que de remettre les chofes fur le pied où elles étoient avant l'établiffement de la Loi révoquée, & par conféquent la Bourgeoifie dans le droit dont elle étoit en poffeffion? Quand on caffe une tranfaction, les Parties ne reftent-elles pas comme elles étoient avant qu'elle fut paffée?

Convenons que ces Confeils généraux périodiques n'auroient eu qu'un feul inconvénient, mais terrible; c'eut été de forcer les Magiftrats & tous les ordres de fe contenir dans les bornes de leurs devoirs & de leurs droits. Par cela feul je fais que ces affemblées fi effarouchantes ne feront jamais rétablies, non plus que celles de la Bourgeoifie par compagnies; mais auffi n'eft-ce pas de cela qu'il s'agit; je n'examine point ici ce qui doit ou ne doit pas fe faire, ce qu'on fera ni ce qu'on ne fera pas. Les expédiens

que j'indique fimplement comme poffibles &
faciles, comme tirés de votre conftitution,
n'étant plus conformes aux nouveaux Edits
ne peuvent paffer que du confentement des
Confeils, & mon avis n'eft affurément pas
qu'on les leur propofe : mais adoptant un
moment la fuppofition de l'Auteur des Lettres, je réfous des objections frivoles; je fais
voir qu'il cherche dans la nature des chofes
des obftacles qui n'y font point, qu'ils ne
font tous que dans la mauvaife volonté du
Confeil, & qu'il y avoit s'il l'eut voulu cent
moyens de lever ces prétendus obftacles, fans
altérer la Conftitution, fans troubler l'ordre,
& fans jamais expofer le repos public.

Mais pour rentrer dans la queftion tenons-
nous exactement au dernier Edit, & vous
n'y verrez pas une feule difficulté réelle contre l'effet néceffaire du droit de Réprésentation. K 2

1. Celle d'abord de fixer le nombre des Réprésentans est vaine par l'Edit même, qui ne fait aucune distinction du nombre, & ne donne pas moins de force à la Réprésentation d'un seul qu'à celle de cent.

2. Celle de donner à des particuliers le droit de faire assembler le Conseil général est vaine encore ; puisque ce droit, dangereux ou non, ne résulte pas de l'effet nécessaire des Réprésentations. Comme il y a tous les ans deux Conseils généraux pour les élections, il n'en faut point pour ces effet assembler d'extraordinaire. Il suffit que la Réprésentation, après avoir été examinée dans les Conseils, soit portée au plus prochain Conseil général, quand elle est de nature à l'être (*dd*). La séance n'en sera pas même prolongée d'u-

____

(*dd*) J'ai distingué ci-devant les cas où les Conseils sont tenus de l'y porter, & ceux où ils ne le sont pas.

ne heure, comme il eſt manifeſte à qui connoit l'ordre obſervé dans ces aſſemblées. Il
faut ſeulement prendre la précaution que la
propoſition paſſe aux voix avant les élections:
car ſi l'on attendoit que l'élection fut faite, les
Syndics ne manqueroient pas de rompre auſſi-
tôt l'aſſemblée, comme ils firent en 1735.

3. Celle de multiplier les Conſeils généraux
eſt levée avec la précédente & quand elle ne
le ſeroit pas, où ſeroient les dangers qu'on y
trouve? c'eſt ce que je ne ſaurois voir.

On frémit en liſant l'énumération de ces
dangers dans les Lettres écrites de la Campagne, dans l'Edit de 1712, dans la Harangue
de M. Chouet; mais vérifions. Ce dernier dit
que la République ne fut tranquille que quand
ces aſſemblées devinrent plus rares. Il y a là
une petite inverſion à rétablir. Il falloit dire
que ces aſſemblées devinrent plus rares quand

la République fut tranquille. Lifez, Monfieur, les faftes de votre Ville durant le feizieme fiécle. Comment fecoua-t-elle le double joug qui l'écrafoit ? Comment étouffa-t-elle les factions qui la déchiroient ? Comment réfifta-t-elle à fes voifins avides, qui ne la fecouroient que pour l'affervir ? Comment s'établit dans fon fein la liberté évangélique & politique ? Comment fa conftitution prit-elle de la confiftance ? Comment fe forma le fyftême de fon Gouvernement ? L'hiftoire de ces mémorables tems eft un enchainement de prodiges. Les Tyrans, les Voifins, les ennemis, les amis, les fujets, les Citoyens, la guerre, la pefte, la famine, tout fembloit concourir à la perte de cette malheureufe Ville. On conçoit à peine comment un Etat déja formé eut pu échapper à tous ces périls. Non feulement Genève en échappe, mais c'eft durant ces crifes terribles que se consomme le grand Ouvrage de sa Législation. Ce fut par ses fréquens Conseils généraux (ee), ce fut par la prudence & la fermeté que ses Citoyens y porterent qu'ils vainquirent enfin tous les obstacles, & rendirent leur Ville libre & tranquille, de sujette & déchirée qu'elle étoit auparavant ; ce fut après avoir tout mis en ordre au dedans qu'ils se virent en état de faire au dehors la guerre avec gloire. Alors le Conseil Souverain avoit fini ses fonctions, c'étoit au Gouvernement de faire les siennes : il ne restoit plus aux

---

(ee) Comme on les assembloit alors dans tous les cas *ardus* selon les Edits, & que ces cas ardus revenoient très souvent dans ces tems orageux, le Conseil général étoit alors plus fréquemment convoqué que n'est aujourd'hui le Deux-Cent. Qu'on en juge par une seule époque. Durant les huit premiers mois de l'année 1540 il se tint dix-huit Conseils généraux, & cette année n'eut rien de plus extraordinaire que celles qui avoient précédé & que celles qui suivirent.

Génevois qu'à défendre la liberté qu'ils venoient d'établir, & à se montrer aussi braves soldats en campagne qu'ils s'étoient montrés dignes Citoyens au Conseil: c'est ce qu'ils firent. Vos annales attestent par tout l'utilité des Conseils généraux ; vos Messieurs n'y voyent que des maux effroyables. Ils font l'objection, mais l'histoire la résout.

4. Celle de s'exposer aux saillies du Peuple quand on avoisine à de grandes Puissances se résout de même. Je ne sache point en ceci de meilleure réponse à des sophismes que des faits constans. Toutes les résolutions des Conseils généraux ont été dans tous les tems aussi pleines de sagesse que de courage ; jamais elles ne furent insolentes ni lâches ; on y a quelquefois juré de mourir pour la patrie ; mais je défie qu'on m'en cite un seul, même de ceux où le Peuple a le plus influé, dans

lequel on ait par étourderie indifposé les Puiffances voifines, non plus qu'un feul où l'on
ait rampé devant elles. Je ne ferois pas un
pareil défi pour tous les arrêtés du petit Confeil : mais paffons. Quand il s'agit de nouvelles
réfolutions à prendre, c'eft aux Confeils inférieurs de les propofer, au Confeil général de
les rejetter ou de les admettre ; il ne peut rien
faire de plus ; on ne difpute pas de cela : Cette
objection porte donc à faux.

5. Celle de jetter du doute & de l'obfcurité
fur toutes les Loix n'eft pas plus folide, parce
qu'il ne s'agit pas ici d'une interprétation va-
gue, générale, & fufceptible de fubtilités ;
mais d'une application nette & précife d'un
fait à la Loi. Le Magiftrat peut avoir fes
raifons pour trouver obfcure une chofe claire,
mais cela n'en détruit pas la clarté. Ces Meffieurs dénaturent la queftion. Montrer par la

K 5

lettre d'une Loi qu'elle a été violée n'eſt pas propoſer des doutes ſur cette Loi. S'il y a dans les termes de la Loi un ſeul ſens ſelon lequel le fait ſoit juſtifié, le Conſeil dans ſa réponſe ne manquera pas d'établir ce ſens. Alors la Répréſentation perd ſa force, & ſi l'on y perſiſte, elle tombe infailliblement en Conſeil général : Car l'intérêt de tous eſt trop grand, trop préſent, trop ſenſible, ſurtout dans une Ville de commerce, pour que la généralité veuille jamais ébranler l'autorité, le Gouvernement, la Légiſlation, en prononçant qu'une Loi a été tranſgreſſée, lorſqu'il eſt poſſible qu'elle ne l'ait pas été.

C'eſt au Légiſlateur, c'eſt au rédacteur des Loix à n'en pas laiſſer les termes équivoques. Quand ils le font ; c'eſt à l'équité du Magiſtrat d'en fixer le ſens dans la pratique ; quand la Loi a pluſieurs ſens, il uſe de ſon droit en

préférant celui qu'il lui plait: mais ce droit ne
va point jusqu'à changer le sens littéral des
loix & à leur en donner un qu'elle n'ont pas;
autrement il n'y auroit plus de Loi. La question ainsi posée est si nette qu'il est facile au
bon sens de prononcer, & ce bon sens qui
prononce se trouve alors dans le Conseil général. Loin que de-là naissent des discussions in-
terminables, c'est par là qu'au contraire on les
prévient; c'est par là qu'élevant les Edits au-
dessus des interprétations arbitraires & particulieres que l'intérêt ou la passion peut suggé-
rer, on est sûr qu'ils disent toujours ce qu'ils
disent, & que les particuliers ne sont plus en
doute, sur chaque affaire, du sens qu'il plaira
au Magistrat de donner à la Loi. N'est-il pas
clair que les difficultés dont il s'agit maintenant n'existeroient plus si l'on eut pris d'abord
ce moyen de les résoudre?

6. Celle de foumettre les Confeils aux ordres des Citoyens eft ridicule. Il eft certain
que des Répréfentations ne font pas des ordres , non plus que la requête d'un homme
qui demande juftice n'eft pas un ordre ; mais
le Magiftrat n'en eft pas moins obligé de
rendre au fuppliant la juftice qu'il demande,
& le Confeil de faire droit fur les Répréfentations des Citoyens & Bourgeois. Quoique les Magiftrats foient les fupérieurs des
particuliers, cette fupériorité ne les difpenfe
pas d'accorder à leurs inférieurs ce qu'ils leur
doivent, & les termes refpectueux qu'emplo-
yent ceux-ci pour le demander n'ôtent rien
au droit qu'ils ont de l'obtenir. Une Répréfentation eft, fi l'on veut, un ordre donné au
Confeil, comme elle eft un ordre donné au
premier Syndic à qui on la préfente de la
communiquer au Confeil ; car c'eft ce qu'il eft

toujours obligé de faire, soit qu'il approuve la Répréſentation, soit qu'il ne l'approuve pas.

Au reſte quand le Conſeil tire avantage du mot de *Répréſentation* qui marque infériorité; en diſant une choſe que perſonne ne diſpute, il oublie cependant que ce mot employé dans le Réglement n'eſt pas dans l'Edit auquel il renvoye, mais bien celui de *Remontrances* qui préſente un tout autre ſens: à quoi l'on peut ajoûter qu'il y a de la différence entre les Remontrances qu'un corps de Magiſtrature fait à ſon Souverain, & celles que des membres du Souverain font à un corps de Magiſtrature. Vous direz que j'ai tort de répondre à une pareille objection ; mais elle vaut bien la plupart des autres.

7. Celle enfin d'un homme en crédit conteſtant le ſens ou l'application d'une Loi qui le condanne, & ſéduiſant le public en ſa fa-

veur, eſt telle que je crois devoir m'abſtenir de la qualifier. Eh ! qui donc a connu la Bourgeoiſie de Genève pour un peuple ſervile, ardent, imitateur, ſtupide, ennemi des loix, & ſi prompt à s'enflammer pour les intérêts d'autrui ? Il faut que chacun ait bien vû le ſien compromis dans les affaires publiques, avant qu'il puiſſe ſe réſoudre à s'en mêler.

Souvent l'injuſtice & la fraude trouvent des protecteurs ; jamais elles n'ont le public pour elles ; c'eſt en ceci que la voix du Peuple eſt la voix de Dieu ; mais malheureuſement cette voix ſacrée eſt toujours foible dans les affaires contre le cri de la puiſſance, & la plainte de l'innocence opprimée s'exhale en murmures mépriſés par la tyrannie. Tout ce qui ſe fait par brigue & ſéduction ſe fait par préférence au profit de ceux qui gouvernent ;

cela ne fauroit être autrement. La rufe, le préjugé, l'intérêt, la crainte, l'efpoir, la vanité, les couleurs fpécieufes, un air d'ordre & de fubordination, tout eft pour des hommes habiles conftitués en autorité & verfés dans l'art d'abufer le peuple. Quand il s'agit d'oppofer l'adreffe à l'adreffe, ou le crédit au crédit, quel avantage immenfe n'ont pas dans une petite Ville les premieres familles toujours unies pour dominer, leurs amis, leurs cliens, leurs créatures, tout cela joint à tout le pouvoir des Confeils, pour écrafer des particuliers qui oferoient leur faire tête, avec des fophifmes pour toutes armes? Voyez autour de vous dans cet inftant même. L'appui des loix, l'équité, la vérité, l'évidence, l'intérêt commun, le foin de la fûreté particuliere, tout ce qui devroit entraîner la foule fuffit à peine pour protéger des Citoyens refpeétés qui réclament contre l'iniquité la plus manifeste ; & l'on veut que chez un Peuple éclairé l'intérêt d'un brouillon fasse plus de partisans que n'en peut faire celui de l'Etat ? Ou je connois mal votre Bourgeoisie & vos Chefs, ou si jamais il se fait une seule Réprésentation mal fondée, ce qui n'est pas encore arrivé que je sache ; l'Auteur, s'il n'est méprisable, est un homme perdu.

Est-il besoin de réfuter des objections de cette espece quand on parle à des Génevois ? Y a-t-il dans votre Ville un seul homme qui n'en sente la mauvaise foi, & peut-on sérieusement balancer l'usage d'un droit sacré, fondamental, confirmé, nécessaire, par des inconvéniens chimériques que ceux mêmes qui les objectent savent mieux que personne ne pouvoir exister ? Tandis qu'au contraire ce droit enfreint ouvre la porte aux excès de la

plus

plus odieuse Olygarchie, au point qu'on la
voit attenter déja sans prétexte à la liberté des
Citoyens, & s'arroger hautement le pouvoir
de les emprisonner sans affriction ni condition,
sans formalité d'aucune espece, contre la teneur des Loix les plus précises, & malgré
toutes les protestations.

L'explication qu'on ose donner à ces Loix
est plus insultante encore que la tyrannie qu'on
exerce en leur nom. De quels raisonnemens
on vous paye ? Ce n'est pas assez de vous
traiter en esclaves si l'on ne vous traite encore
en enfans. Eh Dieu ! Comment a-t-on pu
mettre en doute des questions aussi claires,
comment a-t-on pu les embrouiller à ce point?
Voyez, Monsieur, si les poser n'est pas les
résoudre ? En finissant par là cette Lettre,
j'espere ne la pas alonger de beaucoup.

Un homme peut être constitué prisonnier de

trois manieres. L'une à l'inſtance d'un autre homme qui fait contre lui Partie formelle ; la ſeconde étant ſurpris en flagrant délit & ſaiſi ſur le champ, ou, ce qui revient au même, pour crime notoire dont le public eſt témoin; & la troiſieme, d'office, par la ſimple autorité du Magiſtrat, ſur des avis ſecrets, ſur des in-dices, ou ſur d'autres raiſons qu'il trouve ſuf-fiſantes.

Dans le premier cas, il eſt ordonné par les Loix de Genève que l'accuſateur revête les priſons, ainſi que l'accuſé ; & de plus, s'il n'eſt pas ſolvable, qu'il donne caution des dé-pends & de l'adjugé. Ainſi l'on a de ce côté dans l'intérêt de l'accuſateur une ſureté rai-ſonnable que le prévenu n'eſt pas arrêté in-juſtement.

Dans le ſecond cas, la preuve eſt dans le fait même, & l'accuſé eſt en quelque ſorte convaincu par fa propre détention.

Mais dans le troifieme cas on n'a ni la même fûreté que dans le premier, ni la même évidence que dans le fecond, & c'eft pour ce dernier cas que la Loi, fuppofant le Magiftrat équitable, prend feulement des mefures pour qu'il ne foit pas furpris.

Voila les principes fur lefquels le Légiflateur fe dirige dans ces trois cas ; en voici maintenant l'application.

Dans le cas de la Partie formelle, on a dès le commencement un procès en regle qu'il faut fuivre dans toutes les formes judiciaires : c'eft pourquoi l'affaire eft d'abord traitée en premiere inftance. L'emprifonnement ne peut être fait *fi, parties ouïes, il n'a été permis par juftice (ff)*. Vous favez que ce qu'on appelle à Genève la Juftice eft le Tribunal

____

(*ff*) Edits civils. Tit. XII. Art. 1.

du Lieutenant & de ſes aſſiſtans appellés *Auditeurs.* Ainſi c'eſt à ces Magiſtrats & non à d'autres, pas même aux Syndics, que la plainte en pareil cas doit être portée, & c'eſt à eux d'ordonner l'empriſonnement des deux parties ; ſauf alors le recours de l'une des deux aux Syndics, *ſi,* ſelon les termes de l'Edit, *elle ſe ſentoit grévée par ce qui aura été ordon-né* (gg). Les trois premiers Articles du titre XII, ſur les matieres criminelles ſe rapportent évidemment à ce cas-là.

Dans le cas du flagrant délit, ſoit pour crime, ſoit pour excès que la police doit punir, il eſt permis à toute perſonne d'arrêter le coupable ; mais il n'y a que les Magiſtrats chargés de quelque partie du pouvoir exécutif, tels que les Syndics, le Conſeil, le Lieutenant, un Auditeur, qui puiſſent l'écrouer ; un

____

(gg) Ibid, Art. 2.

Conſeiller ni pluſieurs ne le pourroient pas; &
le priſonnier doit être interrogé dans les vingt-
quatre heures. Les cinq Articles ſuivans du
même Edit ſe rapportent uniquement à ce
ſecond cas; comme il eſt clair, tant par l'ordre de la matiere, que par le nom de *criminel* donné au prévenu, puiſqu'il n'y a que le
ſeul cas du flagrant délit ou du crime notoire, où l'on puiſſe appeller criminel un accuſé avant que ſon procès lui ſoit fait. Que ſi
l'on s'obſtine à vouloir qu'*accuſé* & *criminel*
ſoient ſinonymes, il faudra, par ce même
langage, qu'*innocent* & *criminel* le ſoient auſſi.

Dans le reſte du Titre XII il n'eſt plus
queſtion d'empriſonnement, & depuis l'Article 9 incluſivement tout roule ſur la procédure & ſur la forme du jugement dans toute
eſpece de procès criminel. Il n'y eſt point
parlé des empriſonnemens faits d'office.

Mais il en eſt parlé dans l'Edit politique ſur l'Office des quatre Syndics. Pourquoi cela? Parce que cet Article tient immédiatement à la liberté civile, que le pouvoir exercé ſur ce point par le Magiſtrat eſt un acte de Gouvernement plutôt que de Magiſtrature, & qu'un ſimple Tribunal de juſtice ne doit pas être revêtu d'un pareil pouvoir. Auſſi l'Edit l'accorde-t-il aux Syndics ſeuls, non au Lieutenant ni à aucun autre Magiſtrat.

Or pour garantir les Syndics de la ſurpriſe dont j'ai parlé, l'Edit leur preſcrit de *mander* premiérement *ceux qu'il appartiendra, d'examiner d'interroger*, & enfin de *faire empriſonner ſi meſtier eſt*. Je crois que dans un pays libre la Loi ne pouvoit pas moins faire pour mettre un frein à ce terrible pouvoir. Il faut que les Citoyens aient toutes les ſûretés raiſonnables qu'en faiſant leur devoir ils pourront coucher dans leur lit.

L'Article fuivant du même Titre rentre, comme il eft manifefte, dans le cas du crime notoire & du flagrant délit, de même que l'Article premier du Titre des matieres criminelles, dans le même Edit politique. Tout cela peut paroître une répétition : mais dans l'Edit civil la matiere eft confidérée quant à l'exercice de la juftice, & dans l'Edit politique quant à la fûreté des Citoyens. D'ailleurs les Loix ayant été faites en différens tems, & ces Loix étant l'ouvrage des hommes, on n'y doit pas chercher un ordre qui ne fe démente jamais & une perfection fans défaut. Il fuffit qu'en méditant fur le tout & en comparant les Articles, on y découvre l'efprit du Légiflateur & les raifons du difpofitif de fon ouvrage.

Ajoutez une réflexion. Ces droits fi judicieufement combinés ; ces droits réclamés par les Répréfentans en vertu des Édits, vous en jouiffiez fous la fouveraineté des Evêques, Neufchâtel en jouit fous fes Princes, & à vous Républicains on veut les ôter ! Voyez les Articles 10, 11, & plufieurs autres des franchifes de Genève dans l'acte d'Ademarus Fabri. Ce monument n'eft pas moins refpectable aux Génevois que ne l'eft aux Anglois la grande Chartre encore plus ancienne, & je doute qu'on fut bien venu chez ces derniers à parler de leur Chartre avec autant de mépris que l'Auteur des Lettres ofe en marquer pour la vôtre.

Il prétend qu'elle a été abrogée par les Conftitutions de la République (*bb*). Mais au

____

(*bb*) C'étoit par une Logique toute femblable qu'en 1742. on n'eut aucun égard au Traité de Soleure de 1579, foutenant qu'il étoit furanné; quoiqu'il fut déclaré perpétuel dans l'Acte même, qu'il n'ait jamais été abrogé par aucun autre, & qu'il

contraire je vois très souvent, dans vos Edits
ce mot, *comme d'ancienneté*, qui renvoye aux
usages anciens, par conséquent aux droits sur
lesquels ils étoient fondés; & comme si l'E-
vêque eut prévu que ceux qui devoient protéger les franchises les attaqueroient, je vois
qu'il déclare dans l'Acte même qu'elles feront
perpétuelles, sans que le non-usage ni aucune
prescription les puisse abolir. Voici, vous en
conviendrez, une opposition bien singuliere.
Le savant Syndic Chouet dit dans son Mémoire à Mylord Towsend que le Peuple de
Genève entra, par la Réformation, dans les
droits de l'Evêque, qui étoit Prince tempo-
rel & spirituel de cette Ville. L'Auteur des
Lettres nous assure au contraire que ce même Peuple perdit en cette occasion les fran-

---

ait été rappellé plusieurs fois; notamment dans l'acte de la Médiation.

chifes que l'Evêque lui avoit accordées. Auquel des deux croirons-nous?

Quoi! vous perdez étant libres des droits dont vous jouiffiez étant fujets! Vos Magiftrats vous dépouillent de ceux que vous accorderent vos Princes! fi telle eft la liberté que vous ont acquis vos peres, vous avez dequoi regretter le fang qu'ils verferent pour elle. Cet acte fingulier qui vous rendant Souverains vous ôta vos franchifes, valoit bien, ce me femble, la peine d'être énoncé, &, du moins pour le rendre croyable, on ne pouvoit le rendre trop folemnel. Où eft-il donc cet acte d'abrogation? Affurément pour fe prévaloir d'une piece auffi bizarre le moins qu'on puiffe faire eft de commencer par la montrer.

De tout ceci je crois pouvoir conclure avec certitude, qu'en aucun cas poffible, la

Loi dans Genève n'accorde aux Syndics ni à
perſonne le droit abſolu d'empriſonner les
particuliers ſans aſtriction ni condition. Mais
n'importe: le Conſeil en réponſe aux Répréſentations établit ce droit ſans réplique. Il
n'en coûte que de vouloir, & le voila en
poſſeſſion. Telle eſt la comodité du droit
négatif.

Je me propoſois de montrer dans cette
Lettre que le droit de Répréſentation, intimement lié à la forme de votre Conſtitution n'étoit pas un droit illuſoire & vain;
mais qu'ayant été formellement établi par
l'Edit de 1707 & confirmé par celui de
1738, il devoit néceſſairement avoir un effet réel: que cet effet n'avoit pas été ſtipu-
lé dans l'Acte de la Médiation parce qu'il
ne l'étoit pas dans l'Edit, & qu'il ne l'avoit
pas été dans l'Edit, tant parce qu'il réſultoit

alors par lui-même de la nature de votre Conſtitution, que parce que le même Edit en établiſſoit la ſûreté d'une autre maniere: Que ce droit & ſon effet néceſſaire donnant ſeul de la conſiſtance à tous les autres, étoit l'unique, & véritable équivalent de ceux qu'on ayoit ôtés à la Bourgeoiſie; que cet équivalent, ſuffiſant pour établir un ſolide équilibre entre toutes les parties de l'Etat, montroit la ſageſſe du Réglement qui ſans cela ſeroit l'ouvrage le plus inique qu'il fut poſſible d'imaginer: qu'enfin les difficultés qu'on élevoit contre l'exercice de ce droit étoient des difficultés frivoles, qui n'exiſtoient que dans la mauvaiſe volonté de ceux qui les propoſoient, & qui ne balançoient en aucune maniere les dangers du droit négatif abſolu. Voila, Monſieur, ce que j'ai voulu faire; c'eſt à vous à voir ſi j'ai réuſſi.

NEUVIEME LETTRE.

J'Ai cru, Monsieur, qu'il valoit mieux établir directement ce que j'avois à dire, que de m'attacher à de longues réfutations. Entreprendre un examen suivi des Lettres écrites de la campagne seroit s'embarquer dans une mer de sophismes. Les saisir, les exposer seroit selon moi les réfuter ; mais ils nagent dans un tel flux de doctrine, ils en sont si fort inondés, qu'on se noye en voulant les mettre à sec.

Toutefois en achevant mon travail je ne puis me dispenser de jetter un coup d'œil sur celui de cet Auteur. Sans analyser les subtilités politiques dont il vous leurre, je me contenterai d'en examiner les principes, & de vous montrer dans quelques exemples le vice de ses raisonnemens.

Vous en avez vû ci-devant l'inconféquence par rapport à moi : par rapport à votre République ils font plus captieux quelquefois, & ne font jamais plus folides. Le feul & véritable objet de ces Lettres eft d'établir le prétendu droit négatif dans la plénitude que lui donnent les ufurpations du Confeil. C'eft à ce but que tout fe rapporte ; foit directement, par un enchaînement néceffaire ; foit indirectement par un tour d'adreffe, en donnant le change au public fur le fond de la queftion.

Les imputations qui me regardent font dans le premier cas. Le Confeil m'a jugé contre la Loi : des Répréfentations s'élevent. Pour établir le droit négatif il faut éconduire les Répréfentans ; pour les éconduire il faut prouver qu'ils ont tort ; pour prouver qu'ils ont tort il faut foutenir que je fuis coupable, mais coupable à tel point que pour punir mon crime il a fallu déroger à la Loi.

Que les hommes frémiroient au premier mal qu'ils font, s'ils voyoient qu'ils se mettent dans la triste nécessité d'en toujours faire, d'être méchans toute leur vie pour avoir pu l'être un moment, & de poursuivre jusqu'à la mort le malheureux qu'ils ont une fois persécuté!

La question de la présidence des Syndics dans les Tribunaux criminels se rapporte au second cas. Croyez-vous qu'au fond le Conseil s'embarrasse beaucoup que ce soient des Syndics ou des Conseillers qui président, depuis qu'il a fondu les droits des premiers dans tout le corps? Les Syndics, jadis choisis parmi tout le Peuple (a), ne l'étant plus que dans

(a) On poussoit si loin l'attention pour qu'il n'y eut dans ce choix ni exclusion ni préférence autre que celle du mérite, que par un Edit qui a été abrogé deux Syndics devoient toujours être pris dans le bas de la Ville & deux dans le haut.

le Conseil , de chefs qu'ils étoient des autres
Magiftrats font demeurés leurs collegues , &
vous avez pu voir clairement dans cette affaire que vos Syndics , peu jaloux d'une autorité
paffagere , ne font plus que des Conseillers.
Mais on feint de traiter cette queftion comme
importante , pour vous diftraire de celle qui
l'eft véritablement , pour vous laiffer croire
encore que vos premiers Magiftrats font toujours élus par vous , & que leur puiffance
eft toujours la même.

Laiffons donc ici ces queftions acceffoires
que , par la maniere dont l'Auteur les traite
on voit qu'il ne prend guere à cœur. Bor-
nons-nous à pefer les raifons qu'il allégue
en faveur du droit négatif auquel il s'attache
avec plus de foin , & par lequel feul, admis
ou rejetté, vous êtes efclaves ou libres.

L'art qu'il employe le plus adroitement pour
cela

cela eſt de réduire en propoſitions générales un ſyſtême dont on verroit trop aiſément le foible s'il en faiſoit toujours l'application. Pour vous écarter de l'objet particulier il flate votre amour-propre en étendant vos vues ſur de grandes queſtions, & tandis qu'il met ces queſtions hors de la portée de ceux qu'il veut ſéduire, il les cajole & les gagne en paroiſſant les traiter en hommes d'Etat. Il éblouit ainſi le peuple pour l'aveugler, & change en theſes de philoſophie des queſtions qui n'exigent que du bon ſens, afin qu'on ne puiſſe l'en dédire, & que ne l'entendant pas, on n'oſe le déſavouer.

Vouloir le ſuivre dans ſes ſophiſmes abſtraits feroit tomber dans la faute que je lui reproche. D'ailleurs, ſur des queſtions ainſi traitées on prend le parti qu'on veut ſans avoir jamais tort : car il entre tant d'élémens dans ces pro-

Partie II.   M

poſitions, on peut les enviſager par tant de faces, qu'il y a toujours quelque côté ſuſcepti-ble de l'aſpect qu'on veut leur donner. Quand on fait pour tout le public en général un Li-vre de politique on y peut philoſopher à ſon aiſe: l'Auteur, ne voulant qu'être lu & jugé par les hommes inſtruits de toutes les Nations & verſés dans la matiere qu'il traite, abſtrait & généraliſe ſans crainte ; il ne s'appéſantit pas ſur les détails élémentaires. Si je parlois à vous ſeul, je pourrois uſer de cette métho-de ; mais le ſujet de ces Lettres intéreſſe un peuple entier, compoſé dans ſon plus grand nombre d'hommes qui ont plus de ſens & de jugement que de lecture & d'étude, & qui pour n'avoir pas le jargon ſcientifique n'en font que plus propres à ſaiſir le vrai dans toute ſa ſimplicité. Il faut opter en pareil cas entre l'intérêt de l'Auteur & celui des

Lecteurs, & qui veut se rendre plus utile
doit se résoudre à être moins éblouissant.

Une autre source d'erreurs & de fausses
applications, est d'avoir laissé les idées de ce
droit négatif trop vagues trop inexactes; ce
qui sert à citer avec un air de preuve les
exemples qui s'y rapportent le moins, à dé-
tourner vos Concitoyens de leur objet par la
pompe de ceux qu'on leur présente, à soule-
ver leur orgüeil contre leur raison, & à les
consoler doucement de n'être pas plus libres
que les maîtres du monde. On fouille avec
érudition dans l'obscurité des siécles; on vous
promene avec faste chez les Peuples de l'an-
tiquité. On vous étale successivement Athé-
nes, Sparte, Rome, Carthage; on vous jette
aux yeux le sable de la Lybie pour vous empêcher de voir ce qui se passe autour de vous.

Qu'on fixe avec précision, comme j'ai tâché de faire , ce droit négatif, tel que prétend l'exercer le Conseil ; & je foutiens qu'il n'y eut jamais un feul Gouvernement fur la terre où le Légiflateur enchaîné de toutes manieres par le corps exécutif, après avoir livré les Loix fans réferve à fa merci, fut réduit à les lui voir expliquer, éluder, tranfgreffer à volonté, fans pouvoir jamais apporter à cet abus d'autre oppofition, d'autre droit, d'autre réfiftance qu'un murmure inutile & d'impuiffantes clameurs.

Voyez en effet à quel point votre Anonyme eft forcé de dénaturer la queftion, pour y rapporter moins mal-à-propos fes exemples.

Le droit négatif n'étant pas , dit-il page 110, le pouvoir de faire des Loix , mais d'empêcher que tout le monde indiftinctement ne puiffe mettre en mouvement la puiffance qui fait les Loix, & ne donnant pas la facilité d'innover, mais le pou-

voir de s'oppofer aux innovations, va directe-
ment au grand but que fe propofe une fociété
politique, qui eft de fe conferver en confervant
fa conftitution.

Voila un droit négatif très raifonnable, &
dans le fens expofé ce droit eft en effet une
partie fi effencielle de la conftitution démocratique, qu'il feroit généralement impoffible
qu'elle fe maintint, fi la Puiffance Légiflative
pouvoit toujours être mife en mouvement par
chacun de ceux qui la compofent. Vous con-
cevez qu'il n'eft pas difficile d'apporter des
exemples en confirmation d'un principe auffi
certain.

Mais fi cette notion n'eft point celle du
droit négatif en queftion, s'il n'y a pas dans
ce paffage un feul mot qui ne porte à faux
par l'application que l'Auteur en veut faire,
vous m'avouerez que les preuves de l'avanta-

ge d'un droit négatif tout différent ne font pas fort concluantes en faveur de celui qu'il veut établir.

Le droit négatif n'eſt pas celui de faire des Loix. Non, mais il eſt celui de ſe paſſer de Loix. Faire de chaque acte de ſa volonté une Loi particuliere eſt bien plus commode que de ſuivre des Loix générales, quand même on en feroit ſoi-même l'Auteur. *Mais d'empê-cher que tout le monde indiſtinctement ne puiſſe mettre en mouvement la puiſſance qui fait les Loix.* Il falloit dire au lieu de cela : *mais d'em-pêcher que qui que ce ſoit ne puiſſe protéger les Loix contre la puiſſance qui les ſubjugue.*

Qui ne donnant pas la facilité d'innover.... Pourquoi non? Qui eſt-ce qui peut empêcher d'innover celui qui a la force en main, & qui n'eſt obligé de rendre compte de ſa condui-te à perſonne? *Mais le pouvir d'empêcher les innovations.* Difons mieux ; *le pouvoir d'empê-cher qu'on ne s'oppofe aux innovations.*

C'eft ici, Monfieur, le fophifme le plus fubtil, & qui revient le plus fouvent dans l'é-crit que j'examine. Celui qui a la Puiffance exécutive n'a jamais befoin d'innover par des actions d'éclat. Il n'a jamais befoin de con-ftater cette innovation par des actes folemnels. Il lui fuffit, dans l'exercice continu de fa puif-fance de plier peu à peu chaque chofe à fa volonté, & cela ne fait jamais une fenfation bien forte.

Ceux au contraire qui ont l'œil affez attentif & l'efprit affez pénétrant pour remarquer ce progrès & pour en prévoir la conféquence, n'ont, pour l'arrêter qu'un de ces deux partis à prendre ; ou de s'oppofer d'abord à la pre-miere innovation qui n'eft jamais qu'une ba-gatelle, & alors on les traite de gens inquiets,

brouillons, pointilleux, toujours prêts à chercher querelle; ou bien de s'élever enfin contre
un abus qui fe renforce, & alors on crie à
l'innovation. Je défie que, quoi que vos Magiftrats entreprennent, vous puiffiez en vous
y oppofant éviter à la fois ces deux repro-
ches. Mais à choix, préférez le premier. Chaque fois que le Confeil altere quelque ufage, il
a fon but que perfonne ne voit, & qu'il fe
garde bien de montrer. Dans le doute, arrê-
tez toujours toute nouveauté, petite ou grande. Si les Syndics étoient dans l'ufage d'entrer
au Confeil du pied droit, & qu'ils y vouluf-
fent entrer du pied gauche, je dis qu'il faudroit les en empêcher.

Nous avons ici la preuve bien fenfible de la
facilité de conclurre le pour & le contre par
la méthode que fuit notre Auteur : car appli-
quez au droit de Répréfentation des Citoyens,

ce qu'il applique au droit négatif des Conseils, & vous trouverez que sa proposition générale convient encore mieux à votre application qu'à la sienne. *Le droit de Réprésentation*, direz-vous, *n'étant pas le droit de faire des Loix, mais d'empêcher que la puissance qui doit les administrer ne les transgresse, & ne donnant pas le pouvoir d'innover mais de s'opposer aux nouveautés, va directement au grand but que se propose une société politique; celui de se conserver en conservant sa constitution.* N'est-ce pas exactement là ce que les Réprésentans avoient à dire, & ne semble-t-il pas que l'Auteur ait raisonné pour eux? Il ne faut point que les mots nous donnent le change sur les idées. Le prétendu droit négatif du Conseil est réellement un droit positif, & le plus positif même que l'on puisse imaginer, puisqu'il rend le petit Conseil seul maître direct & ab-

M 5

folu de l'Etat & de toutes les Loix, & le droit de Répréfentation pris dans fon vrai fens n'eft lui - même qu'un droit négatif. Il confifte uniquement à empêcher la puiffance exécutive de rien exécuter contre les Loix.

Suivons les aveux de l'Auteur fur les propofitions qu'il préfente; avec trois mots ajoûtés, il aura pofé le mieux du monde votre état préfent.

Comme il n'y auroit point de liberté dans un Etat où le corps chargé de l'exécution des Loix auroit droit de les faire parler à fa fantaifie, puifqu'il pourroit faire exécuter comme des Loix fes volontés les plus tyranniques.

Voila, je penfe, un tableau d'après nature; vous allez voir un tableau de fantaifie mis en oppofition.

Il n'y auroit point auffi de Gouvernement dans un Etat où le Peuple exerceroit fans regle la puiffance Légiflative. D'accord; mais qui est-ce qui a propofé que le peuple exerçât fans regle la puiffance légiflative ?

Après avoir ainfi pofé un autre droit néga-tif que celui dont il s'agit, l'Auteur s'inquiete beaucoup pour favoir où l'on doit placer ce droit négatif dont il ne s'agit point, & il éta-blit là-deffus un principe qu'affurément je ne contefterai pas. C'eft que, *fi cette force néga-tive peut fans inconvénient réfider dans le Gou-vernement, il fera de la nature & du bien de la chofe qu'on l'y place.* Puis viennent les exem-ples, que je ne m'attacherai pas à fuivre; par-ce qu'ils font trop éloignés de nous & de tout point étrangers à la queftion.

Celui feul de l'Angleterre qui eft fous nos yeux & qu'il cite avec raifon comme un mo-dele de la jufte balance des pouvoirs refpec-tifs, mérite un moment d'examen, & je ne me permets ici qu'après lui la comparaison du petit au grand.

Malgré la puissance Royale, qui est très grande, la Nation n'a pas craint de donner encore au Roi la voix négative. Mais comme il ne peut se passer longtems de la puissance législative, & qu'il n'y auroit pas de sûreté pour lui à l'irriter, cette force négative n'est dans le fait qu'un moyen d'arrêter les entreprises de la puissance législative, & le Prince, tranquille dans la possession du pouvoir étendu que la Constitution lui assure sera intéressé à la protéger (b).

Sur ce raisonnement & sur l'application qu'on en veut faire, vous croiriez que le pouvoir exécutif du Roi d'Angleterre est plus grand que celui du Conseil à Genève que le droit négatif qu'a ce Prince est semblable à

(b) Page 117.

celui qu'ufurpent vos Magiſtrats , que votre Gouvernement ne peut pas plus ſe paſſer que celui d'Angleterre de la puiſſance légiſlative, & qu'enfin l'un & l'autre ont le même intérêt de protéger la conſtitution. Si l'Auteur n'a pas voulu dire cela qu'a-t-il donc voulu dire, & que fait cet exemple à ſon ſujet?

C'eſt pourtant tout le contraire à tous é-gards. Le Roi d'Angleterre, revêtu par les Loix d'une ſi grande puiſſance pour les proté-ger, n'en a point pour les enfreindre: perſon-ne en pareil cas ne lui voudroit obéir, chacun craindroit pour ſa tête; les Miniſtres eux-mê-mes la peuvent perdre s'ils irritent le Parle-ment: on y examine ſa propre conduite. Tout Anglois à l'abri des Loix peut braver la puiſ-ſance Royale; le dernier du peuple peut exiger & obtenir la réparation la plus authentique s'il eſt le moins du monde offenſé; ſuppoſé que le

Prince ofât enfreindre la Loi dans la moindre chofe, l'infraction feroit à l'inftant relevée; il eft fans droit & feroit fans pouvoir pour la foutenir.

Chez vous la Puiſſance du petit Conſeil eft abſolue à tous égards; il eft le Miniftre & le Prince, la partie & le Juge tout-à-la-fois: il ordonne & il exécute; il cite, il faifit, il emprifonne, il juge, il punit lui-même: il a la force en main pour tout faire; tous ceux qu'il employe font irrécherchables; il ne rend compte de fa conduite ni de la leur à perſonne; il n'a rien à craindre du Légiſlateur, auquel il a feul droit d'ouvrir la bouche, & devant lequel il n'ira pas s'acculer. Il n'eft jamais contraint de réparer fes injuftices, & tout ce que peut efpérer de plus heureux l'innocent qu'il opprime, c'eft d'échapper enfin fain & fauf, mais fans fatisfaction ni dédomagement.

Jugez de cette différence par les faits les plus récens. On imprime à Londres un ouvrage violemment fatyrique contre les Miniftres, le Gouvernement, le Roi même. Les Imprimeurs font arrêtés. La Loi n'autorife pas cet arrêt, un murmure public s'éleve, il faut les relâcher. L'affaire ne finit pas là: les Ouvriers prennent à leur tour le Magiftrat à partie, & ils obtiennent d'immenfes dommages & intérêts. Qu'on mette en parallele avec cette affaire celle du Sieur Bardin libraire à Genève; j'en parlerai ci-après. Autre cas; il fe fait un vol dans la Ville; fans indice & fur des foupçons en l'air un Citoyen eft emprifonné contre les loix; fa maifon eft fouillée, on ne lui épargne aucun des affronts faits pour les malfaiteurs. Enfin fon innocence eft reconnue, il eft relâché, il fe plaint, on le laiffe dire, & tout eft fini.

Suppofons qu'à Londres j'euffe eu le malheur de déplaire à la Cour, que fans juftice &
fans raifon elle eut faifi le prétexte d'un de
mes Livres pour le faire brûler & me décré-
ter. J'aurois préfenté requête au Parlement
comme ayant été jugé contre les Loix ; je
l'aurois prouvé ; j'aurois obtenu la fatisfaction
la plus authentique, & le juge eut été puni,
peut-être caffé.

Tranfportons maintenant M. Wilkes à Genève, difant, écrivant, imprimant, publiant
contre le petit Confeil le quart de ce qu'il a
dit, écrit, imprimé, publié hautement à Londres contre le Gouvernement la Cour le Prince. Je n'affirmerai pas abfolument qu'on l'eut
fait mourir, quoique je le penfe ; mais fûre-
ment il eut été faifi dans l'inftant même, &
dans peu très griévement puni (c).

On

(c) La Loi mettant M. Wilkes à convert de ce

On dira que M. Wilkes étoit membre du corps législatif dans son pays ; & moi, ne l'étois-je pas aussi dans le mien ? Il est vrai que l'Auteur des Lettres veut qu'on n'ait aucun égard à la qualité de Citoyen. *Les regles*, dit-il, *de la procédure sont & doivent être égales pour tous les hommes : elles ne dérivent pas du droit de la Cité ; elles émanent du droit de l'humanité* (d).

Heureusement pour vous le fait n'est pas vrai (e) ; & quant à la maxime, c'est sous

---

côté, il a fallu pour l'inquiéter prendre un autre tour, & c'est encore la Religion qu'on a fait intervenir dans cette affaire.

(d) Page 54.

(e) Le droit de recours à la grace n'appartenoit par l'Edit qu'aux Citoyens & Bourgeois ; mais par leurs bons offices ce droit & d'autres furent communiqués aux natifs & habitans, qui, ayant fait cause commune avec eux, avoient besoin des mêmes précautions pour leur sûreté ; les étrangers en sont demeurés exclus. L'on sent aussi que le choix

des mots très honnêtes cacher un sophisme
bien cruel. L'intérêt du Magistrat, qui dans
votre Etat le rend souvent partie contre le
Citoyen, jamais contre l'étranger, exige dans
le premier cas que la Loi prenne des pré-

---

de quatre parens ou amis pour assister le prévenu
dans un procès criminel n'est pas fort utile à ces
derniers ; il ne l'est qu'à ceux que le Magistrat peut
avoir intérêt de perdre, & à qui la Loi donne leur
ennemi naturel pour Juge. Il est étonnant même
qu'après tant d'exemples effrayans les Citoyens &
Bourgeois n'aient pas pris plus de mesures pour la
sûreté de leurs personnes, & que toute la matiere
criminelle reste, sans Edits & sans Loix, presque
abandonnée à la discrétion du Conseil. Un service
pour lequel seul les Génevois & tous les hommes
justes doivent bénir à jamais les Médiateurs est l'a-
bolition de la question préparatoire. J'ai toujours
sur les levres un rire amer quand je vois tant de
beaux Livres, où les Européens s'admirent & se font
compliment sur leur humanité, sortir des mêmes
pays où l'on s'amuse à disloquer & briser les membres des hommes, en attendant qu'on sache s'ils
sont coupables ou non. Je définis la torture un moyen presque infaillible employé par le fort pour
charger le foible des crimes dont il le veut punir.

cautions beaucoup plus grandes pour que l'accusé ne soit pas condanné injustement. Cette distinction n'est que trop bien confirmée par les faits. Il n'y a peut-être pas, depuis l'établissement de la République, un seul exemple d'un jugement injuste contre un étranger, & qui comptera dans vos annales combien il y en a d'injustes & même d'atroces contre des Citoyens? Du reste, il est très vrai que les précautions qu'il importe de prendre pour la sûreté de ceux-ci peuvent sans inconvénient s'étendre à tous les prévenus, parce qu'elles n'ont pas pour but de sauver le coupable, mais de garantir l'innocent. C'est pour cela qu'il n'est fait aucune exception dans l'article XXX du réglement, qu'on voit assez n'être utile qu'aux Génevois. Revenons à la comparaison du droit négatif dans les deux Etats.

N 2

Celui du Roi d'Angleterre confiste en deux chofes ; à pouvoir feul convoquer & diffoudre le corps légiflatif , & à pouvoir rejetter les Loix qu'on lui propofe; mais il ne confifta jamais à empêcher la puiffance légiflative de connoître des infractions qu'il peut faire à la Loi.

D'ailleurs cette force négative eft bien tempérée; prémiérement, par la Loi triennale (*f*) qui l'oblige de convoquer un nouveau Parlement au bout d'un certain tems ; de plus, par fa propre néceffité qui l'oblige à le laiffer prefque toujours affemblé (*g*) ; enfin, par le droit négatif de la chambre des communes, qui en a, vis-à-vis de lui-même, un non

____

(*f*) Devenue feptennale par une faute dont les Anglois ne font pas à fe repentir.

(*g*) Le Parlement n'accordant les fubfides que pour une année, force ainfi le Roi de les lui redemander tous les ans.

moins puiſſant que le ſien.

Elle eſt tempérée encore par la pleine autorité que chacune des deux Chambres une
fois aſſemblées a ſur elle-même ; ſoit pour
propoſer, traiter, diſcuter, examiner les Loix
& toutes les matieres du Gouvernement ; ſoit
par la partie de la puiſſance exécutive qu'elles exercent & conjointement & ſéparément ;
tant dans la Chambre des Communes , qui
connoit des griefs publics & des atteintes
portées aux Loix , que dans la Chambre des
Pairs, Juges ſuprêmes dans les matieres criminelles, & ſurtout dans celles qui ont rapport aux crimes d'Etat.

Voila, Monſieur, quel eſt le droit négatif
du Roi d'Angleterre. Si vos Magiſtrats n'en
réclament qu'un pareil , je vous conſeille de
ne le leur pas conteſter. Mais je ne vois point
quel beſoin , dans votre ſituation préſente,

ils peuvent jamais avoir de la puiſſance légiſlative, ni ce qui peut les contraindre à la
convoquer pour agir réellement, dans quelque cas que ce puiſſe être; puiſque de nouvelles Loix ne ſont jamais néceſſaires à gens
qui ſont au deſſus des Loix, qu'un Gouvernement qui ſubſiſte avec ſes finances & n'a
point de guerre n'a nul beſoin de nouveaux
impôts, & qu'en revêtant le corps entier du
pouvoir des chefs qu'on en tire, on rend le
choix de ces chefs preſque indifférent.

Je ne vois pas même en quoi pourroit les
contenir le Légiſlateur, qui, quand il exiſte,
n'exiſte qu'un inſtant, & ne peut jamais décider que l'unique point ſur lequel ils l'interrogent.

Il eſt vrai que le Roi d'Angleterre peut faire la guerre & la paix; mais outre que cette
puiſſance eſt plus apparente que réelle, du

moins quant à la guerre, j'ai déja fait voir ci-
devant & dans le Contract Social que ce n'est
pas de cela qu'il s'agit pour vous, & qu'il faut
renoncer aux droits honorifiques quand on
veut jouir de la liberté. J'avoue encore que ce
Prince peut donner & ôter les places au gré
de ses vues, & corrompre en détail le Législateur. C'est précisément ce qui met tout l'a-
vantage du côté du Conseil, à qui de pareils
moyens sont peu nécessaires & qui vous en-
chaîne à moindres frais. La corruption est un
abus de la liberté; mais elle est une preuve que
la liberté existe, & l'on n'a pas besoin de corrompre les gens que l'on tient en son pouvoir :
quant aux places, sans parler de celles dont le
Conseil dispose ou par lui-même, ou par le
Deux-Cent, il fait mieux pour les plus importantes ; il les remplit de ses propres membres,
ce qui lui est plus avantageux encore ; car on

eſt toujours plus ſûr de ce qu'on fait par ſes mains que de ce qu'on fait par celles d'autrui. L'hiſtoire d'Angleterre eſt pleine de preuves de la réſiſtance qu'ont faite les Officiers royaux à leurs Princes, quand ils ont voulu tranſgreſſer les Loix. Voyez ſi vous trouverez chez vous bien des traits d'une réſiſtance pareille faite au Conſeil par les Officiers de l'Etat, même dans les cas les plus odieux? Quiconque à Genève eſt aux gages de la République ceſſe à l'inſtant même d'être Citoyen; il n'eſt plus que l'eſclave & le ſatellite des vingt-cinq, prêt à fouler aux pieds la Patrie & les Loix ſitôt qu'ils l'ordonnent. Enfin la Loi, qui ne laiſſe en Angleterre aucune puiſſance au Roi pour mal faire, lui en donne une très grande pour faire le bien; il ne paroit pas que ce ſoit de ce côté que le Conſeil eſt jaloux d'étendre la ſienne.

Les Rois d'Angleterre assurés de leurs a-
vantages sont intéressés à protéger la constitution présente, parce qu'ils ont peu d'espoir de
la changer. Vos Magistrats, au contraire,
sûrs de se servir des formes de la vôtre pour
en changer tout à fait le fond, sont intéressés
à conserver ces formes comme l'instrument de
leurs usurpations. Le dernier pas dangereux
qu'il leur reste à faire est celui qu'ils font aujourd'hui. Ce pas fait, ils pourront se dire
encore plus intéressés que le Roi d'Angleterre
à conserver la constitution établie, mais par
un motif bien différent. Voila toute la parité
que je trouve entre l'état politique de l'Angleterre & le vôtre. Je vous laisse à juger dans
lequel est la liberté.

Après cette comparaison, l'Auteur, qui se
plait à vous présenter de grands exemples,
vous offre celui de l'ancienne Rome. Il lui

reproche avec dédain fes Tribuns brouillons
& féditieux : Il déplore amérement fous cette
orageufe adminiftration le trifte fort de cette
malheureufe Ville, qui pourtant n'étant rien
encore à l'érection de cette, Magiftrature,
eut fous elle cinq cents ans de gloire & de
profpérités, & devint la capitale du monde. Elle finit enfin parce qu'il faut que tout
finiffe ; elle finit par les ufurpations de fes
Grands, de fes Confuls, de fes Généraux qui
l'envahirent : elle périt par l'excès de fa puiffance ; mais elle ne l'avoit acquife que par la
bonté de fon Gouvernement. On peut dire
en ce fens que fes Tribuns la détruifirent (b).

(b) Les Tribuns ne fortoient point de la Ville ;
ils n'avoient aucune autorité hors de fes murs ; auffi
les Confuls pour fe fouftraire à leur infpection te-
noient-ils quelquefois les Comices dans la campagne.
Or les fers des Romains ne furent point forgés dans
Rome, mais dans fes armées, & ce fut par leurs

Au reste je n'excuse pas les fautes du Peuple Romain , je les ai dites dans le Contract.

---

conquêtes qu'ils perdirent leur liberté. Cette perte ne vint donc pas des Tribuns.

Il est vrai que César se servit d'eux comme Sylla s'étoit servi du Sénat ; chacun prenoit les moyens qu'il jugeoit les plus prompts ou les plus sûrs pour parvenir : mais il falloit bien que quelqu'un parvint, & qu'importoit qui de Marius ou de Sylla, de César ou de Pompée, d'Octave ou d'Antoine fut l'usurpateur ? Quelque parti qui l'emportât l'usurpation n'en étoit pas moins inévitable ; il falloit des chefs aux Armées éloignées, & il étoit sûr qu'un de ces chefs deviendroit le maître de l'Etat: Le Tribunat ne faisoit pas à cela la moindre chose.

Au reste, cette même sortie que fait ici l'Auteur des Lettres écrites de la Campagne sur les Tribuns du Peuple, avoit été déja faite en 1715 par M. de Chapeaurouge Conseiller d'Etat dans un Mémoire contre l'Office de Procureur général. M. Louis Le Fort, qui remplissoit alors cette charge avec éclat, lui fit voir dans une très belle lettre en réponse à ce Mémoire, que le crédit & l'autorité des Tribuns avoient été le salut de la République, & que sa destruction n'étoit point venue d'eux, mais des Consuls. Sûrement le Procureur général Le Fort ne prévoyoit gueres par qui seroit renouvellé de nos jours le sentiment qu'il réfutoit si bien.

Social ; je l'ai blâmé d'avoir ufurpé la puiffance exécutive qu'il devoit feulement contenir (*i*). J'ai montré fur quels principes le Tribunat devoit être inftitué , les bornes qu'on
devoit lui donner, & comment tout cela fe
pouvoit faire. Ces regles furent mal fuivies à
Rome ; elles auroient pu l'être mieux. Toutefois voyez ce que fit le Tribunat avec fes a-
bus, que n'eut-il point fait bien dirigé ? Je
vois peu ce que veut ici l'Auteur des Lettres:
pour conclurre contre lui - même j'aurois pris
le même exemple qu'il a choifi.

Mais n'allons pas chercher fi loin ces illuf-
tres exemples , fi faftueux par eux-mêmes, &
fi trompeurs par leur application. Ne laiffez
point forger vos chaînes par l'amour - propre.

____

(*i*) Voyez le Contract Social Livre IV. Chap. V.
Je crois qu'on trouvera dans ce Chapitre qui eft
fort court , quelques bonnes maximes fur cette
matiere.

Trop petits pour vous comparer à rien, ref-
tez en vous-mêmes, & ne vous aveuglez
point fur votre pofition. Les anciens Peuples
ne font plus un modele pour les modernes; ils
leur font trop étrangers à tous égards. Vous
furtout, Génevois, gardez votre place, &
n'allez point aux objets élevés qu'on vous
préfente pour vous cacher l'abyme qu'on creu-
fe au devant de vous. Vous n'êtes ni Romains, ni Spartiates; vous n'êtes pas même
Athéniens. Laiffez-là ces grands noms qui ne
vous vont point. Vous êtes des Marchands,
des Artifans, des Bourgeois, toujours occupés de leurs intérêts privés de leur travail de
leur trafic de leur gain ; des gens pour qui
la liberté même n'eft qu'un moyen d'acquérir
fans obftacle & de poffëder en fûreté.

Cette fituation demande pour vous des maximes particulieres. N'étant pas oififs com-

me étoient les anciens Peuples, vous ne pouvez comme eux vous occuper fans ceffe du Gouvernement: mais par cela même que vous pouvez moins y veiller de fuite, il doit être inftitué de maniere qu'il vous foit plus aifé d'en voir les manœuvres & de pourvoir aux abus. Tout foin public que votre intérêt exige doit vous être rendu d'autant plus facile à remplir que c'eft un foin qui vous coûte & que vous ne prenez pas volontiers. Car vouloir vous en décharger tout-à-fait c'eft vouloir ceffer d'être libres. Il faut opter, dit le Philofophe bienfaifant, & ceux qui ne peuvent fupporter le travail n'ont qu'à chercher le repos dans la fervitude.

Un peuple inquiet défœuvré remuant, & faute d'affaires particulieres toujours prêt à fe mêler de celles de l'Etat, a befoin d'être contenu, je le fais; mais encore un coup la

Bourgeoifie de Genève eft-elle ce Peuple-là ?
Rien n'y reffemble moins; elle en eft l'anti-
pode. Vos Citoyens, tout abforbés dans leurs
occupations domeftiques & toujours froids
fur le refte, ne fongent à l'intérêt public que
quand le leur propre eft attaqué. Trop peu
foigneux d'éclairer la conduite de leurs chefs,
ils ne voyent les fers qu'on leur prépare que
quand ils en fentent le poids. Toujours diftraits, toujours trompés, toujours fixés fur
d'autres objets, ils fe laiffent donner le change
fur le plus important de tous, & vont toujours cherchant le remede, faute d'avoir fu
prévenir le mal. A force de compaffer leurs
démarches ils ne les font jamais qu'après coup.
Leurs lenteurs les auroient déja perdus cent
fois fi l'impatience du Magiftrat ne les eut
fauvés, & fi, preffé d'exercer ce pouvoir fuprême auquel il afpire, il ne les eut lui-même
avertis du danger.

Suivez l'hiftorique de votre Gouvernement, vous verrez toujours le Confeil, ardent dans fes entreprifes, les manquer le plus fouvent par trop d'empreffement à les accomplir, & vous verrez toujours la Bourgeoifie revenir enfin fur ce qu'elle a laiffé faire fans y mettre oppofition.

En 1570. l'Etat étoit obéré de dettes & affligé de plufieurs fléaux. Comme il étoit malaifé dans la circonftance d'affembler fouvent le Confeil général, on y propofe d'autorifer les Confeils de pourvoir aux befoins préfens: la propofition paffe. Ils partent de-là pour s'arroger le droit perpétuel d'établir des impôts, & pendant plus d'un fiécle on les laiffe faire fans la moindre oppofition.

En 1714. on fait par des vues fecrettes (k) l'en-

(k) Il en a été parlé ci-devant.

l'entreprise immense & ridicule des fortifications, sans daigner consulter le Conseil général, & contre la teneur des Edits. En conséquence de ce beau projet on établit pour dix
ans des impôts sur lesquels on ne le consulte
pas davantage. Il s'éleve quelques plaintes; on
les dédaigne ; & tout se tait.

En 1725 le terme des impôts expire; il s'a-
git de les prolonger. C'étoit pour la Bourgeoisie le moment tardif mais nécessaire de reven-
diquer son droit négligé si longtems. Mais la
peste de Marseille & la Banque royale ayant
dérangé le commerce, chacun occupé des dangers de sa fortune oublie ceux de sa liberté.
Le Conseil, qui n'oublie pas ses vues, renou-
velle en Deux-Cent les impôts, sans qu'il soit
question du Conseil général.

A l'expiration du second terme les Citoyens
se réveillent, & après cent soixante ans d'in-

dolence, ils réclament enfin tout de bon leur
droit. Alors au lieu de céder ou temporiſer, on
trame une conſpiration (*l*). Le complot ſe

(*l*). Il s'agiſſoit de former, par une enceinte bar-
ricadée, une eſpece de Citadelle autour de l'éléva-
tion ſur laquelle eſt l'Hôtel-de-Ville, pour aſſervir
de-là tout le Peuple. Les bois déja préparés pour
cette enceinte, un plan de diſpoſition pour la gar-
nir, les ordres donnés en conſéquence aux Capitai-
nes de la garniſon, des tranſports de munitions &
d'armes de l'Arſenal à l'Hôtel-de-Ville, le tampon-
nement de vingt-deux pieces de canon dans un bou-
levard éloigné, le tranſmarchement clandeſtin de
pluſieurs autres; en un mot tous les apprêts de la
plus violente entrepriſe faits ſans l'aveu des Conſeils par le Syndic de la garde & d'autres Magiſtrats, ne purent ſuffire, quand tout cela fut décou-
vert, pour obtenir qu'on fit le procès aux coupables, ni même qu'on improuvât nettement leur
projet. Cependant la Bourgeoiſie, alors maîtreſſe de
la Place, les laiſſa paiſiblement ſortir ſans troubler
leur retraite, ſans leur faire la moindre inſulte,
ſans entrer dans leurs maiſons, ſans inquiéter leurs
familles, ſans toucher à rien qui leur appartint. En
tout autre pays le Peuple eut commencé par maſ-
ſacrer ces conſpirateurs, & mettre leurs maiſons au
pillage.

découvre; les Bourgeois font forcés de prendre les armes, & par cette violente entreprife
le Confeil perd en un moment un fiécle d'u-
furpation.

A peine tout femble pacifié que, ne pouvant endurer cette efpece de défaite, on forme un nouveau complot. Il faut derechef recourir aux armes ; les Puiffances voifines interviennent, & les droits mutuels font enfin
réglés.

En 1650. les Confeils inférieurs introduifent
dans leurs corps une maniere de recueillir les
fuffrages, meilleure que celle qui eft établie,
mais qui n'eft pas conforme aux Edits. On
continue en confeil général de fuivre l'ancienne où fe gliffent bien des abus, & cela dure
cinquante ans & davantage, avant que les
Citoyens fongent à fe plaindre de la contravention ou à demander l'introduction d'un pa-

reil usage dans le Conseil dont ils sont membres. Ils la demandent enfin, & ce qu'il y a
d'incroyable est qu'on leur oppose tranquillement ce même Edit qu'on viole depuis un
demi-siécle.

En 1707. un Citoyen est jugé clandestine-
ment contre les Loix, condanné, arquebusé
dans la prison, un autre est pendu sur la dépo-
sition d'un seul faux-témoin connu pour tel,
un autre est trouvé mort. Tout cela passe, &
il n'en est plus parlé qu'en 1734. que quelqu'un s'avise de demander au Magistrat des
nouvelles du Citoyen arquebusé trente ans
auparavant.

En 1736 on érige des Tribunaux criminels
sans Syndics. Au milieu des troubles qui ré-
gnoient alors, les Citoyens, occupés de tant
d'autres affaires, ne peuvent songer à tout.
En 1758. on repete la même manœuvre; celui

qu'elle regarde veut fe plaindre; on le fait taire, & tout fe tait. En 1762. on la renouvel-
le encore (m): les Citoyens fe plaignent enfin

____

(m) Et à quelle occafion! Voila une inquifition
d'Etat à faire frémir. Eft-il concevable que dans un
pays libre on puniffe criminellement un Citoyen
pour avoir, dans une lettre à un autre Citoyen non
imprimée, raifonné en termes décens & mefurés
fur la conduite du Magiftrat envers un troifieme
Citoyen ? Trouvez-vous des exemples de violences
pareilles dans les Gouvernemens les plus abfolus ?
A la retraite de M. de Silhouette je lui écrivis u-
ne Lettre qui courut Paris. Cette Lettre étoit d'une
hardieffe que je ne trouve pas moi-même exempte
de blâme; c'eft peut-être la feule chofe répréhenfi-
ble que j'aye écrite en ma vie. Cependant m'a-t-on
dit le moindre mot à ce fujet ? On n'y a pas même fongé. En France on punit les libelles; on fait
très bien; mais on laiffe aux particuliers une liberté honnête de raifonner entre eux fur les affaires
publiques, & il eft inoui qu'on ait cherché querelle
à quelqu'un pour avoir, dans des lettres reftées
manufcrites, dit fon avis, fans fatyre & fans in-
vective, fur ce qui fe fait dans les Tribunaux. A-
près avoir tant aimé le Gouvernement républicain
faudra-t-il changer de fentiment dans ma vieilleffe,
& trouver enfin qu'il y a plus de véritable liberté
dans les Monarchies que dans nos Républiques?

O 3

l'année ſuivante. Le Conſeil répond ; vous ve-
nez trop tard ; l'uſage eſt établi.

En Juin 1762, un Citoyen que le Conſeil
avoit pris en haine eſt flétri dans ſes Livres,
& perſonnellement décrété contre l'Edit le
plus formel. Ses parens étonnés demandent par
requête communication du décret ; elle leur eſt
refuſée, & tout ſe tait. Au bout d'un an
d'attente le Citoyen flétri voyant que nul ne
proteſte renonce à ſon droit de Cité. La Bourgeoiſie ouvre enfin les yeux & réclame contre
la violation de la Loi : il n'étoit plus tems.

Un fait plus mémorable par ſon eſpece,
quoiqu'il ne s'agiſſe que d'une bagatelle eſt
celui du Sieur Bardin. Un Libraire commet
à ſon correſpondant des exemplaires d'un Livre nouveau ; avant que les exemplaires arrivent le Livre eſt défendu. Le Libraire va
déclarer au Magiſtrat ſa commiſſion, & de-

mander ce qu'il doit faire. On lui ordonne d'avertir quand les exemplaires arriveront; ils arrivent, il les déclare, on les saisit; il attend qu'on les lui rende ou qu'on les lui paye; on ne fait ni l'un ni l'autre: il les redemande, on les garde. Il présente requête pour qu'ils soient renvoyés, rendus, ou payés; On refuse tout. Il perd ses Livres, & ce sont des hommes publics chargés de punir le vol, qui les ont gardés.

Qu'on pese bien toutes les circonstances de ce fait, & je doute qu'on trouve aucun autre exemple semblable dans aucun Parlement, dans aucun Sénat, dans aucun Conseil, dans aucun Divan, dans quelque Tribunal que ce puisse être. Si l'on vouloit attaquer le droit de propriété sans raison sans prétexte & jusques dans sa racine, il seroit impossible de s'y prendre plus ouvertement. Cependant l'affaire paſſe, tout le monde ſe tait, & ſans des griefs plus graves il n'eut jamais été queſtion de celui-là. Combien d'autres ſont reſtés dans l'obſcurité faute d'occaſions pour les mettre en évidence?

Si l'exemple précédent eſt peu important en lui-même, en voici un d'un genre bien différent. Encore un peu d'attention, Monſieur, pour cette affaire, & je ſupprime toutes celles que je pourrois ajoûter.

Le 20 Novembre 1763 au Conſeil général aſſemblé pour l'électión du Lieutenant & du Tréſorier, les Citoyens remarquent une différence entre l'Edit imprimé qu'ils ont & l'Edit manuſcrit dont un Sécrétaire d'Etat fait lecture, en ce que l'élection du Tréſorier doit par le premier ſe faire avec celle des Syndics, & par le ſecond avec celle du Lieutenant. Ils remarquent, de plus, que l'élec-

tion du Tréforier qui felon l'Edit doit fe faire tous les trois ans, ne fe fait que tous les
fix ans felon l'ufage, & qu'au bout des trois
ans on fe contente de propofer la confirmation de celui qui eft en place.

Ces différences du texte de la Loi entre
le Manufcrit du Confeil & l'Edit imprimé,
qu'on n'avoit point encore obfervées, en font
remarquer d'autres qui donnent de l'inquiétude fur le refte. Malgré l'expérience qui apprend aux Citoyens l'inutilité de leurs Répréfentations les mieux fondées, ils en font
à ce fujet de nouvelles, demandant que le
texte original des Edits foit dépofé en Chan-
cellerie ou dans tel autre lieu public au choix
du Confeil, où l'on puiffe comparer ce texte avec l'imprimé.

Or vous vous rappellerez, Monfieur, que
par l'Article XLII de l'Edit de 1738 il eft dit

qu'on fera imprimer *au plutôt* un Code général des Loix de l'Etat, qui contiendra tous
les Edits & Réglemens. Il n'a pas encore
été question de ce Code au bout de vingt six
ans, & les Citoyens ont gardé le silence (*n*).

Vous vous rappellerez encore que, dans un
Mémoire imprimé en 1745, un membre profcrit des Deux-Cents jetta de violens soupçons
fur la fidélité des Edits imprimés en 1713 &
réimprimés en 1735, deux époques égale-

(*n*) De quelle excuse de quel prétexte peut-on
couvrir l'inobfervation d'un Article auffi exprès &
auffi important ? Cela ne fe conçoit pas. Quand
par hazard on en parle à quelques Magiftrats en
converfation, ils répondent froidement. *Chaque E-
dit particulier eft imprimé, raffemblez-les.* Comme fi
l'on étoit fûr que tout fut imprimé, & comme fi le
recueil de ces chiffons formoit un corps de Loix
complet, un code général revêtu de l'authenticité
requife & tel que l'annoce l'Article XLII ! Eft-ce
ainfi que ces Meffieurs rempliffent un engagement
auffi formel ? Quelles conféquences finiftres ne
pourroit-on pas tirer de pareilles omiffions ?

ment suspectes. Il dit avoir collationné sur des Edits manuscrits ces imprimés, dans lesquels il affirme avoir trouvé quantité d'erreurs dont il a fait note, & il rapporte les propres termes d'un Edit de 1556, omis tout entier dans l'imprimé. A des imputations si graves le Conseil n'a rien répondu, & les Citoyens ont gardé le silence.

Accordons, si l'on veut, que la dignité du Conseil ne lui permettoit pas de répondre alors aux imputations d'un proscrit. Cette même dignité, l'honneur compromis, la fidélité suspectée exigeoient maintenant une vérification que tant d'indices rendoient nécessaire, & que ceux qui la demandoient avoient droit d'obtenir.

Point du tout. Le petit Conseil justifie le changement fait à l'Edit par un ancien usage auquel le Conseil général ne s'étant pas op-

pofé dans fon origine n'a plus droit de s'oppofer aujourd'hui.

Il donne pour raifon de la différence qui
eft entre le Manufcrit du Confeil & l'imprimé, que ce Manufcrit eft un recueil des E-
dits avec les changemens pratiqués, & con-
fentis par le filence du Confeil général ; au
lieu que l'imprimé n'eft que le recueil des
mêmes Edits, tels qu'ils ont paffé en Confeil
général.

Il juftifie la confirmation du Tréforier contre l'Edit qui veut que l'on en élife un autre, encore par un ancien ufage. Les Citoyens n'apperçoivent pas une contravention
aux Edits qu'il n'autorife par des contraven-
tions antérieures : ils ne font pas une plainte
qu'il ne rebute, en leur reprochant de ne
s'être pas plaints plutôt.

Et quant à la communication du texte ori-

ginal des Loix, elle eſt nettement refuſée (*o*);
ſoit *comme étant contraire aux regles*; ſoit parce que les Citoyens & Bourgeois *ne doivent*

(*o*) Ces refus ſi durs & ſi ſûrs à toutes les Répréſentations les plus raiſonnables & les plus juſtes
paroiſſent peu naturels. Eſt-il concevable que le
Conſeil de Genève, compoſé dans ſa majeure partie d'hommes éclairés & judicieux, n'ait pas ſenti
le ſcandale odieux & même effrayant de refuſer à
des hommes libres, à des membres du Légiſlateur,
la communication du texte authentique des Loix, &
de fomenter ainſi comme à plaiſir des ſoupçons pro-
duits par l'air de myſtere & de ténebres dont il
s'environne ſans ceſſe à leurs yeux? Pour moi, je
penche à croire que ces refus lui coûtent, mais
qu'il s'eſt preſcrit pour regle de faire tomber l'uſage des Répréſentations, par des réponſes conſtam-
ment négatives. En effet eſt-il à préſumer que les
hommes les plus patiens ne ſe rebutent pas de demander pour ne rien obtenir? Ajoutez la propoſition déja faite en Deux-Cent d'informer contre les
Auteurs des dernieres Répréſentations, pour avoir
uſé d'un droit que la Loi leur donne. Qui voudra
déſormais s'expoſer à des pourſuites pour dés démarches qu'on ſait d'avance être ſans ſuccès? Si
c'eſt là le plan que s'eſt fait le petit Conſeil, il
faut avouer qu'il le ſuit très bien.

connoître d'autre texte des Loix que le texte imprimé, quoique le petit Conseil en suive un autre & le fasse suivre en Conseil général (p).

Il est donc contre les regles que celui qui a passé un acte ait communication de l'original de cet acte, lorsque les variantes dans les copies les lui font soupçonner de falsification ou d'incorrection, & il est dans la regle qu'on ait deux différens textes des mêmes Loix, l'un pour les particuliers & l'autre pour le Gouvernement ! Ouïtes-vous jamais rien de semblable ? Et toutefois sur toutes ces découvertes tardives, sur tous ces refus révoltans, les Citoyens, éconduits dans leurs demandes les plus légitimes, se taisent, attendent, & demeurent en repos.

(p) Extrait des Regiftres du Conseil du 7. Décembre 1763 en réponse aux Réprésentations verbales faites le 21 Novembre par six Citoyens ou Bourgeois.

Voila, Monſieur, des faits notoires dans votre Ville, & tous plus connus de vous que de moi; j'en pourrois ajouter cent autres, ſans compter ceux qui me ſont échapés. Ceux-ci ſuffiront pour juger ſi la Bourgeoiſie de Genève eſt ou fut jamais, je ne dis pas remuante & ſéditieuſe, mais vigilante, attentive, facile à s'émouvoir pour défendre ſes droits les mieux établis & le plus ouvertement attaqués?

On nous dit qu'*une Nation vive, ingénieuſe & très occupée de ſes droits politiques auroit un extrême beſoin de donner à ſon Gouvernement une force négative* (q). En expliquant cette force négative on peut convenir du principe; mais eſt-ce à vous qu'on en veut faire l'application? A-t-on donc oublié qu'on vous

(q) Page 170.

donné ailleurs plus de sang-froid qu'aux autres Peuples (r)? Et comment peut-on dire que celui de Genève s'occupe beaucoup de ses droits politiques, quand on voit qu'il ne s'en occupe jamais que tard, avec répugnance, & seulement quand le péril le plus preſſant l'y contraint? De ſorte qu'en n'attaquant pas ſi bruſquement les droits de la Bourgeoiſie, il ne tient qu'au Conſeil qu'elle ne s'en occupe jamais.

Mettons un moment en parallele les deux partis pour juger duquel l'activité eſt le plus à craindre, & où doit être placé le droit négatif pour modérer cette activité.

D'un côté je vois un peuple très-peu nombreux, paiſible & froid, compoſé d'hommes labo-

____

(r) Page 154.

laborieux, amateurs du gain, foumis pour leur
propre intérêt aux Loix & à leurs Miniftres,
tout occupés de leur négoce ou de leurs mé-
tiers ; tous, égaux par leurs droits & peu
diftingués par la fortune, n'ont entre eux ni
chefs ni cliens ; tous, tenus par leur commerce par leur état par leurs biens dans une
grande dépendance du Magiftrat, ont à le
ménager; tous craignent de lui déplaire; s'ils
veulent fe mêler des affaires publiques c'eft
toujours au préjudice des leurs. Diftraits
d'un côté par des objets plus intéreffans pour
leurs familles; de l'autre, arrêtés par des confidérations de prudence, par l'expérience de
tous les tems, qui leur apprend combien dans
un auffi petit État que le vôtre où tout particulier eft inceffamment fous les yeux du Confeil il eft dangereux de l'offenfer, ils font por-
tés par les raifons les plus fortes à tout facri-

Partie II.   P

fier à la paix ; car c'eſt par elle ſeule qu'ils peuvent proſpérer ; & dans cet état de choſes chacun trompé par ſon intérêt privé aime encore mieux être protégé que libre, & fait ſa cour pour faire ſon bien.

De l'autre côté je vois dans une petite Ville, dont les affaires ſont au fond très peu de choſe, un corps de Magiſtrats indépendant & perpétuel, preſque oiſif par état, faire ſa principale occupation d'un intérêt très grand, & très naturel pour ceux qui commandent, c'eſt d'accroitre inceſſamment ſon empire ; car l'ambition comme l'avarice ſe nourrit de ſes avantages, & plus on étend ſa puiſſance, plus on eſt dévoré du déſir de tout pouvoir. Sans ceſſe attentif à marquer des diſtances trop peu ſenſibles dans ſes égaux de naiſſance, il ne voit en eux que ſes inférieurs, & brûle d'y voir ſes ſujets. Armé de toute la force publique, dépositaire de toute l'autorité, interprête & dispensateur des Loix qui le gênent, il s'en fait une arme offensive & défensive, qui le rend rédoutable, respectable, sacré pour tous ceux qu'il veut outrager. C'est au nom même de la Loi qu'il peut la transgresser impunément. Il peut attaquer la constitution, en feignant de la défendre; il peut punir comme un rebelle quiconque ose la défendre en effet. Toutes les entreprises de ce corps lui deviennent faciles; il ne laisse à personne le droit de les arrêter ni d'en connoître: il peut agir, différer, suspendre; il peut séduire effrayer punir ceux qui lui résistent, & s'il daigne employer pour cela des prétextes, c'est plus par bienséance que par nécessité. Il a donc la volonté d'étendre sa puissance, & le moyen de parvenir à tout ce qu'il veut. Tel est l'état rélatif du petit Conseil & de la Bourgeoisie de

P 2

Genève. Lequel de ces deux corps doit avoir le pouvoir négatif pour arrêter les entreprifes de l'autre ? L'Auteur des Lettres affure que c'eft le premier.

Dans la plupart des États les troubles internes viennent d'une populace abrutie & ftupide, échauffée d'abord par d'infupportables vexations, puis ameutée en fecret par des brouillons adroits, revêtus de quelque autorité qu'ils veulent étendre. Mais eft-il rien de plus faux qu'une pareille idée appliquée à la Bourgeoifie de Genève, à fa partie au moins qui fait face à la puiffance pour le maintien des Loix? Dans tous les tems cette partie a toujours été l'ordre moyen entre les riches & les pauvres, entre les chefs de l'Etat & la populace. Cet ordre, compofé d'hommes à-peu-près égaux en fortune, en état, en lumieres, n'eft ni affez élevé pour avoir des prétentions, ni affez bas pour n'avoir rien à perdre. Leur grand intérèt leur intérêt commun eft que les Loix foient obfervées, les Magiftrats refpec- tés, que la conftitution fe foutienne & que l'Etat foit tranquille. Perfonne dans cet ordre ne jouit à nul égard d'une telle fupériorité fur les autres qu'il puiffe les mettre en jeu pour fon intérêt particulier. C'eft la plus faine partie de la République, la feule qu'on foit af- furé ne pouvoir dans fa conduite fe propofer d'autre objet que le bien de tous. Auffi voit- on toujours dans leurs démarches communes une décence, une modeftie, une fermeté ref- pectueufe, une certaine gravité d'hommes qui fe fentent dans leur droit & qui fe tiennent dans leur devoir. Voyez, au contraire, de quoi l'autre parti s'étaye ; de gens qui na- gent dans l'opulence, & du peuple le plus ab- jet. Eft-ce dans ces deux extrêmes, l'un fait pour acheter l'autre pour se vendre , qu'on doit chercher l'amour de la justice & des loix? C'est par eux toujours que l'Etat dégénere: Le riche tient la Loi dans sa bourse , & le pauvre aime mieux du pain que la liberté. Il suffit de comparer ces deux partis pour juger lequel doit porter aux Loix la premiere atteinte ; & cherchez en effet dans votre histoire si tous les complots ne sont pas toujours venus du côté de la Magistrature, & si jamais les Citoyens ont eu recours à la force que lorsqu'il l'a fallu pour s'en garantir ?

On raille, sans doute, quand, sur les conséquences du droit que réclament vos Concitoyens, on vous réprésente l'Etat en proye à la brigue, à la séduction , au premier venu. Ce droit négatif que veut avoir le Conseil fut inconnu jusqu'ici; quels maux en est-il arrivé? Il en fut arrivé d'affreux s'il eut voulu s'y te-

nir quand la Bourgeoisie a fait valoir le sien.
Rétorquez l'argument qu'on tire de deux cents
ans de prospérité; que peut-on répondre? Ce
Gouvernement, direz - vous, établi par le
tems, soutenu par tant de titres, autorisé par
un si long usage, consacré par ses succès, &
où le droit négatif des Conseils fut toujours
ignoré, ne vaut-il pas bien cet autre Gouvernement arbitraire, dont nous ne connoissons
encore ni les propriétés, ni ses rapports avec
notre bonheur, & où la raison ne peut nous
montrer que le comble de notre misere ?

Supposer tous les abus dans le parti qu'on
attaque & n'en supposer aucun dans le sien,
est un sophisme bien grossier & bien ordinaire, dont tout homme sensé doit se garantir.
Il faut supposer des abus de part & d'autre,
parce qu'il s'en glisse par tout; mais ce n'est
pas à dire qu'il y ait égalité dans leurs con-

féquences. Tout abus eft un mal, fouvent inévitable, pour lequel on ne doit pas profcrire
ce qui eft bon en foi. Mais comparez, &
vous trouverez d'un côté des maux fûrs, des
maux terribles fans borne & fans fin ; de l'autre l'abus même difficile, qui s'il eft grand fera
paffager, & tel, que quand il a lieu il porte
toujours avec lui fon remede. Car encore une
fois il n'y a de liberté poffible que dans l'obfervation des Loix ou de la volonté générale, & il n'eft pas plus dans la volonté générale de nuire à tous, que dans la volonté
particuliere de nuire à foi-même. Mais fuppofons cet abus de la liberté auffi naturel que
l'abus de la puiffance. Il y aura toujours cette
différence entre l'un & l'autre, que l'abus de
la liberté tourne au préjudice du peuple qui
en abufe, & le puniffant de fon propre tort
le force à en chercher le remede ; ainfi de ce

côté le mal n'eſt jamais qu'une criſe, il ne peut faire un état permanent. Au lieu que l'abus de la puiſſance ne tournant point au préjudice du puiſſant mais du foible, eſt par ſa nature ſans meſure ſans frein ſans limites: Il ne finit que par la deſtruction de celui qui ſeul en reſſent le mal. Diſons donc qu'il faut que le Gouvernement appartienne au petit nombre, l'inſpection ſur le Gouvernement à la généralité, & que ſi de part ou d'autre l'abus eſt inévitable, il vaut encore mieux qu'un peuple ſoit malheureux par ſa faute qu'opprimé ſous la main d'autrui.

Le premier & le plus grand intérêt public eſt toujours la juſtice. Tous veulent que les conditions ſoient égales pour tous, & la juſtice n'eſt que cette égalité. Le Citoyen ne veut que les Loix & que l'obſervation des Loix. Chaque particulier dans le peuple ſait bien que s'il y a des exceptions, elles ne feront pas en sa faveur. Ainsi tous craignent les exceptions, & qui craint les exceptions aime la Loi. Chez les Chefs c'est toute autre chose: leur état même est un état de préférence, & ils cherchent des préférences par tout (s). S'ils veulent des Loix, ce n'est pas pour leur obéir, c'est pour en être les arbitres. Ils veulent des Loix pour se mettre à leur place & pour se faire craindre en leur nom. Tout les favorise dans ce projet. Ils se servent des droits

---

(s) La justice dans le peuple est une vertu d'état; la violence & la Tyrannie est de même dans les Chefs un vice d'état. Si nous étions à leurs places nous autres particuliers, nous deviendrions comme eux violens usurpateurs iniques. Quand des Magistrats viennent donc nous prêcher leur intégrité leur modération, leur justice, ils nous trompent, s'ils veulent obtenir ainsi la confiance que nous ne leur devons pas: non qu'ils ne puissent avoir personnellement ces vertus dont ils se vantent; mais alors ils font une exception; & ce n'est pas aux exceptions que la Loi doit avoir égard.

qu'ils ont pour ufurper fans rifque ceux qu'ils
n'ont pas. Comme ils parlent toujours au nom
de la Loi, même en la violant, quiconque ofe
la défendre contre eux eft un féditieux un rebelle: il doit périr; & pour eux, toujours fûrs
de l'impunité dans leurs entreprifes; le pis qui
leur arrive eft de ne pas réuffir. S'ils ont
befoin d'appuis, par tout ils en trouvent.
C'eft une ligue naturelle que celle des forts,
& ce qui fait la foibleffe des foibles eft de
ne pouvoir fe liguer ainfi. Tel eft le deftin
du peuple d'avoir toujours au dedans & au
dehors fes parties pour juges. Heureux ! quand
il en peut trouver d'affez équitables pour le
protéger contre leurs propres maximes, contre ce fentiment fi gravé dans le cœur humain d'aimer & favorifer les intérêts fembla-
bles aux nôtres. Vous avez eu cet avantage
une fois, & ce fut contre toute attente. Quand

la Médiation fut acceptée, on vous crut écrafés: mais vous eutes des défenfeurs éclairés & fermes, des Médiateurs integres & généreux; la juftice & la vérité triompherent. Puiffiez-vous être heureux deux fois! vous aurez joüi d'un bonheur bien rare, & dont vos oppreffeurs ne paroiffent guere allarmés.

Après vous avoir étalé tous les maux imaginaires d'un droit auffi ancien que votre Conftitution & qui jamais n'a produit aucun mal, on pallie on nie ceux du Droit nouveau qu'on ufurpe & qui fe font fentir dès aujourd'hui. Forcé d'avouer que le Gouvernement peut abufer du droit négatif jufqu'à la plus intolérable tyrannie, on affirme que ce qui arrive n'arrivera pas, & l'on change en poffibilité fans vraifemblance ce qui fe paffe aujourd'hui fous vos yeux. Perfonne, ofe-t-on dire, ne dira que le Gouvernement ne foit

équitable & doux; & remarquez que cela se
dit en réponse à des Répréfentations où l'on
fe plaint des injuftices & des violences du
Gouvernement. C'eft là vraiment ce qu'on
peut appeller du beau ftyle: c'eft l'éloquence
de Périclès, qui renverfé par Thucydide à
la lutte, prouvoit aux fpectateurs que c'étoit
lui qui l'avoit terraffé.

Ainfi donc en s'emparant du bien d'autrui
fans prétexte, en emprifonnant fans raifon les
innocens, en flétriffant un Citoyen fans l'ouïr,
en jugeant illégalement un autre, en proté-
geant les Livres obfcenes, en brûlant ceux
qui refpirent la vertu, en perfécutant leurs
auteurs, en cachant le vrai texte des Loix,
en refufant les fatisfactions les plus juftes,
en exerçant le plus dur defpotifme, en dé-
truifant la liberté qu'ils devroient défendre,
en opprimant la Patrie dont ils devroient ê-

tre les peres, ces Meſſieurs ſe font compliment à eux-mêmes ſur la grande équité de
leurs jugemens, ils s'extaſient ſur la douceur
de leur adminiſtration, ils affirment avec confiance que tout le monde eſt de leur avis ſur
ce point. Je doute fort, toutefois, que cet
avis ſoit le vôtre; & je ſuis ſûr au moins
qu'il n'eſt pas celui des Répréſentans.

Que l'intérêt particulier ne me rende point
injuſte. C'eſt de tous nos penchans celui contre lequel je me tiens le plus en garde &
auquel j'eſpere avoir le mieux réſiſté. Votre
Magiſtrat eſt équitable dans les choſes indif-
férentes, je le crois porté même à l'être toujours; ſes places ſont peu lucratives; il rend la
juſtice & ne la vend point; il eſt perſonnellement integre, déſintéreſſé, & je ſais que dans
ce Conſeil ſi deſpotique il regne encore de la
droiture & des vertus. En vous montrant

les conséquences du droit négatif je vous ai moins dit ce qu'ils feront devenus Souverains, que ce qu'ils continueront à faire pour l'être. Une fois reconnus tels leur intérêt sera d'être toujours juftes, & il l'eft dès aujourd'hui d'être juftes le plus fouvent: mais malheur à quiconque ofera recourir aux Loix encore, & réclamer la liberté! C'eft contre ces infortunés que tout devient permis, légitime. L'équité, la vertu, l'intérêt même ne tiennent point devant l'amour de la domination, & celui qui fera jufte étant le maître n'épargne aucune injuftice pour le devenir.

Le vrai chemin de la Tyrannie n'eft point d'attaquer directement le bien public; ce feroit réveiller tout le monde pour le défendre; mais c'eft d'attaquer fucceffivement tous fes défenfeurs, & d'effrayer quiconque oferoit encore afpirer à l'être. Perfuadez à tous que l'intérêt public n'eſt celui de perſonne , & par celá ſeul la ſervitude eſt établie ; car quand chacun ſera ſous le joug où ſera la liberté commune ? Si quiconque oſe parler eſt écraſé dans l'inſtant même, où ſeront ceux qui voudront l'imiter, & quel ſera l'organe de la généralité quand chaque individu gardera le ſilence ? Le Gouvernement ſévira donc contre les zélés & ſera juſte avec les autres, juſqu'à ce qu'il puiſſe être injuſte avec tous impunément. Alors ſa juſtice ne ſera plus qu'une économie pour ne pas diſſiper ſans raiſon ſon propre bien.

Il y a donc un ſens dans lequel le Conſeil eſt juſte, & doit l'être par intérêt : mais il y en a un dans lequel il eſt du ſyſtême qu'il s'eſt fait d'être ſouverainement injuſte, & mille exemples ont du vous apprendre combien la proſection des Loix eſt inſuffiſante contre la hai-

ne

ne du Magistrat. Que sera-ce, lorsque deve-
nu seul maître absolu par son droit négatif il
ne sera plus gêné par rien dans sa conduite, &
ne trouvera plus d'obstacle à ses passions?
Dans un si petit Etat où nul ne peut se cacher
dans la foule, qui ne vivra pas alors dans d'é-
ternelles frayeurs, & ne sentira pas à chaque
instant de sa vie le malheur d'avoir ses égaux
pour maîtres? Dans les grands Etats les particuliers sont trop loin du Prince & des chefs
pour en être vus, leur petitesse les sauve, &
pourvû que le peuple paye on le laisse en paix.
Mais vous ne pourrez faire un pas sans sentir
le poids de vos fers. Les parens, les amis, les
protégés, les espions de vos maîtres seront
plus vos maîtres qu'eux; vous n'oserez ni défendre vos droits ni réclamer votre bien,
crainte de vous faire des ennemis; les recoins
les plus obscurs ne pourront vous dérober à la

Tyrannie, il faudra nécessairement en être sa-
tellite ou victime : Vous sentirez à la fois
l'esclavage politique & le civil, à peine ose-
rez-vous respirer en liberté. Voila, Monsieur,
où doit naturellement vous mener l'usage du
droit négatif tel que le Conseil se l'arroge. Je
crois qu'il n'en voudra pas faire un usage aussi
funeste, mais il le pourra certainement, & la
seule certitude qu'il peut impunément être injuste, vous fera sentir les mêmes maux que s'il
l'étoit en effet.

Je vous ai montré, Monsieur, l'état de votre Constitution tel qu'il se présente à mes
yeux. Il résulte de cet exposé que cette Constitution, prise dans son ensemble est bonne &
saine, & qu'en donnant à la liberté ses véri-
tables bornes, elle lui donne en même tems
toute la solidité qu'elle doit avoir. Car le
Gouvernement ayant un droit négatif contre

les innovations du Légiflateur, & le Peuple un
droit négatif contre les ufurpations du Confeil,
les Loix feules régnent & régnent fur tous ; le
premier de l'Etat ne leur eft pas moins foumis
que le dernier, aucun ne peut les enfreindre,
nul intérêt particulier ne peut les changer, &
la Conftitution demeure inébranlable.

Mais fi au contraire les Miniftres des Loix
en deviennent les feuls arbitres, & qu'ils puif-
fent les faire parler ou taire à leur gré : fi le
droit de Répréfentation feul garant des Loix
& de la liberté n'eft qu'un droit illufoire &
vain qui n'ait en aucun cas aucun effet néceffaire ; je ne vois point de fervitude pareille
à la vôtre, & l'image de la liberté n'eft plus
chez vous qu'un leurre méprifant & puérile,
qu'il eft même indécent d'offrir à des hommes
fenfés. Que fert alors d'affembler le Légiflateur, puifque la volonté du Confeil eft l'uni-

que Loi ? Que sert d'élire solemnellement des Magistrats qui d'avance étoient déja vos Juges, & qui ne tiennent de cette élection qu'un pouvoir qu'ils exerçoient auparavant ? Soumettez-vous de bonne grace, & renoncez à ces jeux d'enfants, qui, devenus frivoles, ne sont pour vous qu'un avilissement de plus.

Cet état étant le pire où l'on puisse tomber n'a qu'un avantage; c'est qu'il ne sauroit changer qu'en mieux. C'est l'unique ressource des maux extrêmes; mais cette ressource est toujours grande, quand des hommes de sens & de cœur la sentent & savent s'en prévaloir. Que la certitude de ne pouvoir tomber plus bas que vous n'êtes doit vous rendre fermes dans vos démarches! mais soyez sûrs que vous ne sortirez point de l'abîme, tant que vous serez divisés, tant que les uns voudront agir & les autres rester tranquilles.

Me voici, Monsieur, à la conclusion de ces Lettres. Après vous avoir montré l'état où vous êtes, je n'entreprendrai point de vous tracer la route que vous devez suivre pour en sortir. S'il en est une, étant sur les lieux mêmes, vous & vos Concitoyens la devez voir mieux que moi ; quand on sait où l'on est & où l'on doit aller, on peut se diriger sans peine.

L'Auteur des Lettres dit que *si on remarquoit dans un Gouvernement une pente à la violence il ne faudroit pas attendre à la redresser que la Tyrannie s'y fut fortifiée* (t). Il dit encore, en supposant un cas qu'il traite à la vérité de chimere, *qu'il resteroit un remede triste mais légal, & qui dans ce cas extrême pourroit être employé comme on employe la main d'un*

____

(t) Page 172.

Q 3

Chirurgien, quand la gangréne fe déclare (v).
Si vous êtes ou non dans ce cas fuppofé chimérique, c'eft ce que je viens d'examiner. Mon confeil n'eft donc plus ici nécef-faire ; l'Auteur des Lettres vous l'a donné pour moi. Tous les moyens de réclamer contre l'injuftice font permis quand ils font paifibles, à plus forte raifon font permis ceux qu'autorifent les loix.

Quand elles font tranfgreffées dans des cas particuliers vous avez le droit de Répréfenta-tion pour y pourvoir. Mais quand ce droit même eft contefté, c'eft le cas de la garantie. Je ne l'ai point mife au nombre des moyens qui peuvent rendre efficace une Répréfenta-tion, les Médiateurs eux - mêmes n'ont point entendu l'y mettre, puifqu'ils ont déclaré ne

----

(v) Page 101.

vouloir porter nulle atteinte à l'indépendance de l'Etat, & qu'alors, cependant, ils auroient mis, pour ainfi dire, la Clef du Gouvernement dans leur poche (x). Ainfi dans le cas particulier l'effet des Répréfentations rejettées eft de produire un Confeil général; mais l'effet du droit même de Répréfentation rejetté paroit être le recours à la garantie. Il faut que la machine ait en elle-même tous les refforts qui doivent la faire jouer: quand elle s'arrête, il faut appeller l'Ouvrier pour la remonter.

(x) La conféquence d'un tel fyftême eut été d'établir un Tribunal de la Médiation réfident à Genève, pour connoître des tranfgreffions des Loix. Par ce Tribunal la fouveraineté de la République eut bientôt été détruite, mais la liberté des Citoyens eut été beaucoup plus affurée qu'elle ne peut l'être fi l'on ôte le droit de Répréfentation. Or de n'être Souverain que de nom ne fignifie pas grand'chofe, mais d'être libre en effet fignifie beaucoup.

Je vois trop où va cette reſſource, & je
ſens encore mon cœur patriote en gémir.
Auſſi, je le repete, je ne vous propoſe rien;
qu'oſerois-je dire ? Délibérez avec vos Concitoyens & ne comptez les voix qu'après les a-
voir peſées. Défiez-vous de la turbulente jeu-
neſſe, de l'opulence inſolente & de l'indigen-
ce vénale ; nul ſalutaire conſeil ne peut venir
de ces côtés-là. Conſultez ceux qu'une honnête médiocrité garantit des ſéductions de
l'ambition & de la miſere ; ceux dont une ho-
norable vieilleſſe couronne une vie ſans reproche ; ceux qu'une longue expérience a verſés
dans les affaires publiques ; ceux qui, ſans ambition dans l'Etat n'y veulent d'autre rang que
celui de Citoyens ; enfin ceux qui n'ayant
jamais eu pour objet dans leurs démarches que
le bien de la patrie & le maintien des Loix,
ont mérité par leurs vertus l'eſtime du pu-

blic, & la confiance de leurs égaux.

Mais surtout réunissez - vous tous. Vous ê-
tes perdus sans ressource si vous restez divisés. Et pourquoi le seriez-vous, quand de si
grands intérêts communs vous unissent? Comment dans un pareil danger la basse jalousie
& les petites passions osent- elles se faire entendre ? Valent- elles qu'on les contente à
si haut prix, & faudra - t- il que vos enfans
disent un jour en pleurant sur leurs fers ; voila
le fruit des dissentions de nos peres ? En un
mot, il s'agit moins ici de délibération que
de concorde ; le choix du parti que vous
prendrez n'est pas la plus grande affaire : Fut-
il mauvais en lui-même, prenez-le tous ensemble ; par cela seul il deviendra le meilleur,
& vous ferez toujours ce qu'il faut faire pourvu que vous le fassiez de concert. Voila mon
avis, Monsieur, & je finis par où j'ai com-

mencé. En vous obéiffant j'ai rempli mon dernier devoir envers la Patrie. Maintenant je prends congé de ceux qui l'habitent ; il ne leur refte aucun mal à me faire, & je ne puis plus leur faire aucun bien.

F I N.

C A T A-

CATALOGUE
DE
LIVRES

Qu'on trouve chéz Marc Michel Rey
Libraire à Amſterdam.

Oeuvres de Jean Jaques Rouſſeau. in douze 8. vol. fig. Amſterdam.

Répréſentations des Citoyens & Bourgeois de Genève au premier Sindic de cette République, avec les réponſes du Conſeil à ces repréſentations. 8. 1763.

Bibliotheque de Campagne ou amuſemens de l'Eſprit & du Cœur. 12. 12 vol. avec 12 Frontiſpices & 12 Vignettes analogues aux ſujets, deſſinés par Mr. Bolomey gravés par Mr. Boily.

Conſidérations ſur le Gouvernement ancien & préſent de la France. par le Marquis d'*Argenſon* 8. 1. vol. Amſterdam. 1764.

Conſidérations ſur les Corps organiſez par Mr. Bonnet. 8. Amſterdam. 1764.

Contemplation de la Nature par le même 2 vol. 8. Amſterdam. 1764.

Traité de la connoiſſance de ſoi-même par *Jean Maſon* maître-és arts, traduit de l'Anglois par *Jaques Abel Brunier* Paſteur de l'Egliſe Françoiſe à Leyde. 8. 1. vol. Amſterdam. 1765.

Inſtruction paſtorale de Mr. *L'Evêque du Puy*, ſur la prétendue philoſophie des incrédules modernes. 12. 1. vol. Amſterdam. 1765.

Journal des Savans depuis ſon commencement en 1665 juſqu'en 1753, faiſant 170. volumes 12. Amſterdam.

Table générale alphabétique du Journal des Savans dépuis ſon commencement en 1665. juſqu'à l'Année 1753. incluſivement. 12. 2 vol. Amſterdam.

Journal des Sçavans combiné avec les Mémoires de Trévoux dépuis Janvier 1754. juſqu'en Décembre 1763. en 79 volumes. avec leur Table des Mattieres.

CATALOGUE

Journal des Sçavans avec des Extraits des meilleurs Jour-
naux de France & d'Angleterre suite des 170. vol:
du Journal des Sçavans & des 79. vol. du même Journal combiné avec les Mémoires de Trévoux, 1764.

Offrande aux autels & à la patrie, contenant Défense
du Christianisme ou réfutation du Chapitre huit du
Contract Social. Examen historique des quatres Siè-
cles de Mr. de Voltaire. Quels sont les moyens de
tirer un Peuple de sa corruption. par *Jaq. Ant
Roustan*, Ministre du Saint Evangile à Genève. 8
1. vol. Amsterdam. 1764.

République de Platon ou Dialogue sur la Justice divisé
en dix Livres. 12. 2 vol. Amsterdam. 1763.

Histoire naturelle générale & particulière avec la des-
cription du cabinet du Roi, par Mrs. De Buffon &
d'Aubenton 4. 11 vol. figures Paris.

———— idem. On peut avoir les Tomes 10, 11 séparément.

———— idem. in-12. 15 vol. figures. On peut avoir
les Tomes 14 & 15. séparément.

Tactique navale, ou Traité des Evolutions & Signaux;
par Mr. De Morogues. 4. 1 vol. fig. Amsterdam
1764.

Histoire de Gustave-Adolphe Roi de Suede, composée
sur tout ce qui a paru de plus curieux, & sur un
grand nombre de Manuscripts, & principalement sur
ceux de Mr. Arkenholtz, par Mr. D. M. Professeur
&c. 4. 1 vol. Figures Amsterdam. 1764.

———— idem. 12. 4 vol. Figures. 1764.

*Arithmetica universalis sive de compositione & resolutione
arithmetica. Auctore I.º Newton. Cum commentario Jo-
hannis Castillionei, 4. 2 vol. fig. Amstelodami. 1761.*

Additions à l'Essai sur l'Histoire universelle par Mr.
de Voltaire. 8. 1 vol. Amsterdam. 1763.

Assertions (Extraits des) des Jésuites. 8. 3 vol. Amsterdam. 1763.

L'Homme en Société ou nouvelles vues politiques pour
porter la population au plus haut dégré en France. 8.
2 vol. Amsterdam. 1763.

La voix de la Nature ou les avantures de Madine. la
Marquise de ***. 8. 5 part. Amsterdam 1764.

www.ingramcontent.com/pod-product-compliance
Lightning Source LLC
LaVergne TN
LVHW021435170726
843501LV00005B/1349